悩めるあなたの

道徳教育
読本

神代健彦・藤谷　秀
kumashiro takehiko / fujitani shu
編著

発行＝はるか書房　発売＝星雲社

はしがき

危険だけど必要、必要だけど危険、そんな憂鬱なことどもはこの世にいくらでもあって、おそらく教育というやつはその種の事柄に属していて、そしてさらに道徳教育ってやつはその最たるもの、言ってみれば、教育オブ教育なのだと思うのですが、さてどうですかね。

本書は、先ごろ小学校と中学校で新たに「特別の教科」となった道徳教育について、これを少しばかり斜めに見ながら、そうしておいてよりマシなものにしていこうという、やる気があるのかないのかよくわからない、しかし中身はとてもしっかりお役立ちという、ちょっと変わった本なのです。

もしあなたが現役の学校の先生だったり、そうでなくとも先生を目指して勉強している教職課程の学生さんだったりして、のみならず、「道徳教育なんて、とてもシラフじゃできないよ、しかし仕事だからやらなくちゃ」なんて苦しんでいる、まったく正しい感性と良識をお持ちの人ならば、まったくもってお買い得。この本には、そんな悩めるあなたのために、「上から目線」の押しつけ道徳に背を向けつつ、子どもたちと一緒に魅力的な道徳のジャングルへ探検に踏み出すためのヒントを、たくさんたくさん詰め込みました。だからこの本は、「道徳なんてうさんくさい」が先に立って、数ある「これさえやれば道徳授業はばっちり」本に閉口してしまった、正しい感性と良識をお持ちのあなた、そうあなたにこそ、きっとなにかのヒントになるはず。

さあ迷わずレジへＧＯ。

ん？　なぜ立ち止まっているの？

そうですか、そう簡単にはだまされないぞ、と。じゃあ、そんなケ×な、もとい、思慮深いあなたの財布のヒモを緩めるために、もう少しだけ本書の説明をしておきましょう。

＊

本書は、道徳の教科化という看過できない学校教育改革に危機感を覚えた研究者・教師・編集者の協働によって始まり、生まれた本です。

なぜ看過できないのでしょうか？　それはそもそも道徳教育なるものが、少なくとも原理的には、日本社会に暮らす一般市民はもとより、発達途上の子どもたちにも保障されなくてはならない憲法上の権利である「思想及び良心の自由」（日本国憲法第一九条。「内心の自由」とも）を脅かす可能性のある、とても危険な教育だからです。とりわけアジア・太平洋戦争下、日本の学校は、教育勅語と修身（当時の教科道徳）を軸として、子どもたちの内面に国家主義的道徳を涵養することに腐心しました。そのことが、国内外に多くの被害をもたらしたかの戦争の、一つの土台となったことは言うまでもありません。歴史的には、この教科としての道徳（修身）は、戦後教育改革のなかでいったん否定されます。もっとも、厳密に言うならば、そのとき道徳教育は日本の学校から消えたわけではありません。戦後の日本の学校では、新しくつくられた「社会科」を「目玉」とする新しい教育課程、あるいは広く学校教育活動全体を通じて、民主主義社会の担い手としての子どもの人格の完成を目指すとされたのです。これはしばしば道徳教育の「全面主義」と呼ばれます。しかし、日本の国家と社会の道徳教育要求は、そのような「全面主義」では満足しませんでした。一九五八年に「道徳の時間」が特設され、そして二〇一八年（中学校では二〇一九年）に「特別の教科」となるという仕方で、教科としての道徳は復活を遂げてきました。このような歴史的経緯を前提とした現状への懐疑が、まずはわたしたちの共通の前提としてあります。

しかし同時にわたしたちは、現に制度として成立し、学校現場でも着々と進んでいる新しい道徳教育について、抽象的な批判のみをもって終わらせることもできないと考えました。学校には現に、明日の道徳科授業に悩む教師、押しつけや分かりきったつまらなさに耐える子どもたちがいるのです。それはなんとかしなくてはいけない。いまや状況は、学校の外からの抽象的な道徳教育批判で事足りる状況ではない。

また――ここはやや慎重に言うべきところですが――憲法の原理に抵触しない最良の意味での道徳教育ということでいえば、それはむしろ子どもたちの教育を受ける権利の範疇にあるものだ、とも言えます。道徳的発達とは、人間の成長・発達において欠くべからざる一部であり、それを適切に保障することは、憲法二六条が保障する教育の中心的課題とすら言える。おそらくは同様の関心から、かつて教育学者の勝田守一は、道徳的な成長・発達を、古い道徳と自己の生活との間に生じる矛盾のなかで、人が自分自身の道徳を選択できるようになること、と表現しました。それは言い換えれば、子どもが、主体的な意思決定者として、人間の歴史の道行きに「参加」する、ということでもあります。

教育は、子どもたちの人間の歴史への参加を促進すること――このように考えれば、やり方によっては憲法に抵触する可能性すらある極めて危険なこの道徳教育、これもまたしかし、すべての子どもたちに保障されるべき教育なのだということは、ある程度納得してもらえるかと思うのですが、どうでしょうか。少し強い言い方かもしれませんが、歴史や社会との矛盾のなかで、自分自身の道徳、ひいては生き方を主体的に選択する練習としての道徳教育を保障しないということは、古い道徳をただただ注入する押しつけ道徳と同様に、子どもを人間の歴史から疎外してしまうということになりかねません。「過ぎたるは及ばざるが如し」は、逆もまた真なり、といったところでしょうか。

まとめましょう。道徳教育とは、危険であるが必要、必要であるが危険。だから、やるならあくまで全力で、学問と実践の枠をあつめて、細心の注意を以って――これが本書のスタンスです。

このことを念頭に本書では、そんな危険物取り扱いに長けたスペシャリストを贅沢に起用して、ときに面白おかしく、ときに少し・不思議（Ｓ・Ｆ）に、道徳教育を語りつくしました。狭義の道徳教育の専門家にとどまらず、シティズンシップ教育の専門家、国語教育の専門家、いじめ研究の専門家、そして哲学や倫理学の専門家が、しかし狭義の自分の領分を飛び出して、道徳科学習指導要領の細部に切り込み、検定教科書を批判的に読み込んで、まったく新しい議論を組み立てています。この越境性、自分の領分を飛び出して、あえて「アウェイ」でなにがしかを打ち立てようとする点は、本書のユニークさと言えるでしょう。

かといって、その結果編まれた本書は、指導要領や教科書の単純な「祖述」や「正しい使い方指南」といったものではありません。指導要領や検定教科書といった学校における道徳科の所与部分を、あえて内側から読み、そして読み拓き、まったく新しい道徳科の授業を展望するような手がかりを提案すること――これが、わたしたちが取り組んだことにほかなりません。それがどこまで成功しているかは、読者の評価にゆだねるしかありませんが。

ではでは、どうか最後まで、よろしくお付き合いくださいませ。

執筆者を代表して　神代健彦

目次

第5幕　「一八歳選挙権」時代の道徳教育をつくろう――主として集団や社会との関わりに関すること……和田　悠

第6幕　「生命の尊さ」を料理しよう
――主として生命や自然、崇高なものとの関わりに関すること　……小野　祥子

第1部 ● 道徳科を読み拓く

——わたしたちの道徳教育原論

ACT

第 1 幕

道徳教科化そもそも物語

神代 健彦

1 クジョウ先生の前説（まえせつ）

少し風変わりな本書の、風変わりな第1幕「道徳教科化そもそも物語」の登場人物、兼、著者という（なかなかおかしな）立場から、みなさんに少しだけごあいさつをさせてください。わたし、クジョウと申します。関西のとある教員養成大学で、道徳教育を教えております。

ええ、そうそう、九条ネギのクジョウ。京野菜。お好きですか？　え？　嫌い？

まあ、そんなことはいいのです。まずは、本書を手に取って、しかもこの第1幕を読み始めてくれたあなたに、お礼を申しあげます。ありがとう。この出し物の目的は、本書全体の導入として、昨今の道徳教育改革――いわゆる「道徳の教科化」ってやつですね――が、いったいぜんたいいかなるものので、そしてまたいかに厄介なものなのかということを、読者のみなさんに説明することです。

「特別の教科　道徳」(1)（以下「道徳科」）。みなさんご存じのように、この新しい教科（もどき）については、広く教育界の内外で賛否両論、毀誉褒貶《きよほうへん》相半ばという状況があります。なぜそんなことになったのか。まずは、アジア・太平洋戦争期、日本の軍国主義教育の中核を担ったのが修身、今でいう道徳だったという歴史的経緯があります。その歴史に鑑みた、学校における道徳教育一般に対する批判がある。それに加えて、この「教科化」が、子どもの育ち（道徳性発達）の必要に応えるものというよりは、たぶんに政治的決定であったように思われるということもあります。政治家のみなさんが血気さかんに「教科化する」と決め、見切り発車で出発した――、一連の経緯をまとめれば、そう言わざるをえないとわたしは思います。だから、大学で道徳教育論を担当するわたし自身としても、本当に困りました。日本の学校教育課程を定める文部科学省の文書である学習指導要領で定められた、その目的も、内容も、方法も、どこか胡散臭くてあやふやで……。そのあたりの粗雑で強引な一連の顚末が、懐疑や批判を引き起こしている面もあるようです。

そもそも道徳教育なんていうのは、日本国憲法に定められた「思想及び良心の自由（内心の自由）」と緊張関係を持つ、教育のなかでもかなり難しく厄介な部門の一つです。迂闊《うかつ》に手を出すのはたいへん危険だし、やるならやるで、子どもの人権や道徳性発達の理論、倫理学や社会科学の知見をじっくり踏まえ、本当に細心の注意を払ってスタートすべきものだったと、そう思います。道徳科は、やらないで済むならやらないほうがいい、もしやるなら、これまで積み重ねられてきた諸学の知と実践知を結集し、万全を期してやるべき、というのがわたしの個人的な立場です。しかし今回の道徳の教科化は、そんなわたしの理想とはほど遠い。残念です。

しかし、そのように嘆いても、現実は先行しています。一刻も早く、現実のなかで、現実に抗して、よりマシな道徳教育論を立ち上げねばなりません。それは教育現実への批判を諦めるということではなくて、むしろ、対抗的な道徳教育を建設するという仕方での、新しい批判の形だと、少なくとも自分では思っている次第です。

閑話休題。

以下に続く大小三つのお話は、大学で道徳教育を担当しているわたしが、卒業生やゼミ生、また友

（1）特別の教科　道徳

二〇一五年三月、学校教育法施行規則および学習指導要領の一部改正により、「特別の教科　道徳」がスタートした。法令上の正式名称は「特別の教科である道徳」、通称は「道徳科」。この「特別の教科」は、二〇一七年告示の新学習指導要領でも踏襲され、小学校では二〇一八年度、中学校では二〇一九年度に完全実施となった。

人の小学校、中学校教員たちから聞き取った、昨今の道徳教育をめぐる混乱や疑問を再構成し、それに少しばかりわたしの主張を交えながら、フィクションとしてまとめたものです。

大学教員／研究者でしかないわたしが、小中学校の教師や学生たちの声を借りて話をすることに、いささか躊躇がなかったわけではないのですが、本書の読者は必ずしも教師の仕事や困難をご存じとはかぎらないと思いまして、そんな読者のために、あえて蛮勇を振るいました。小中学校の先生方、学生のみなさん、リアリティの面で気になるところもたくさんあるかと思うのですが、できれば大目に見てください。

とはいえ、このフィクションの筋立てが、教師や子どもの困難を隠ぺいしたり歪ませているとするなら、それはわたしの落ち度です。そこはぜひぜひご批正ください。

登場人物の紹介です。

ナナさんは、とある私立中学校で働く美術科の教師です。教職は今年で八年目、ただし最初の三年間は不安定な非常勤講師でした。そんな彼女が、新年度の校務分掌で、まさかの「道徳教育推進教師」[2]に抜擢されます。これまでの授業の経験がないわけじゃないけれど、とても先頭に立って道徳教育をやっていけるとは思えない——、彼女の心持ちとしては、そんなところのようです。確かに、えんえんと続く教育改革によって学校現場は著しく疲弊していて、彼女自身もかなり限界ギリギリ。はたから見ても、とても心配な状況です。

そこでナナさんは、学生時代の恩師クジョウ先生の研究室に助けを求めに行くことにしました。そして、年の離れたいとこケイタくんの、修士論文のためのインタビューに応じることになった次第。

ケイタくんは、某教員養成大学大学院修士課程の二年生で、クジョウゼミ生です。教員志望ではあるものの、なんとなくモラトリアムで大学院に進学。とくに研究したいテーマがあるわけではなく、学部時代からの惰性でクジョウ研に所属しています。修士課程二年目、いいかげんテーマを決めなければ、というところで、たまたま母校を訪ねてきたいとこのナナさんに、現役中学校教師の意見を聞いてみることになりました。そのインタビューを踏まえて、彼は道徳教育についての問題意識を深めていきます。

はたして、修士論文は無事に書けたのか、晴れて教師になれたのか、そのあたりはとくに触れる予定はありませんが。

この二人とわたしクジョウが、それぞれの役回りのなかで、道徳教育についての認識を、みなさんと一緒に深めていくことになります。もっともこの出し物は、しょせん、本格的な小説というわけでもなんでもないし、わたし自身に文才があるわけでもなくて、だから心躍る大冒険も、素敵な主人公の成長物語も、抱腹絶倒のオチも、涙するカタルシスもまったくないのが、たいへん恐縮ではあるのですが。

まあそのあたりは大目に見てもらって、どうか最後まで、お付き合いください。

（2）**道徳教育推進教師**

校長の方針の下に、学校における道徳教育の全体計画作成と道徳教育の推進を担う教師。なお全体計画の作成にあたっては、生徒や学校、地域の実態を考慮して、学校の道徳教育の重点目標を設定するとともに、道徳科の指導方針、「特別の教科　道徳」の内容との関連を踏まえた各教科、総合的な学習の時間及び特別活動における指導の内容及び時期、並びに家庭や地域社会との連携の方法を示すこととされている。

2 ナナの受難

今、教師として

そうねぇ、ま、そこそこ苦労したほうだとは思ってます。とはいえ、おおっぴらには言えないよね。いま学校の先生は、地域を問わず校種を問わず本当に大変で、自分の生活を多かれ少なかれ犠牲にして頑張ってるから。

教師になるのは、小さな頃からの夢でした。わたしはとてもおじいちゃん子で、そして、というか、だから、というか、中学校の先生だったおじいちゃんを見て、自然と、ああ、学校の先生っていいな、面白そうだな、と思ってました。

「――伸びそうな子っていうのはな、なんとなくわかるんだよ。あー、この子はいま、大きくジャンプするための力をためているな、少し見守ってみるか、そうしていると、ぐぐーっと、大きく成長するんだ、人間的にな。あの瞬間が、一番嬉しい」

おじいちゃんが語る中学生の成長物語はなかなか味があって、でもそれ以上に、子どもたちのことを語るおじいちゃんの嬉しそうな顔がとても印象的で、ああ、そんな幸せな仕事があるなら、わたしもやりたいなって。

それで大学受験、志望はおじいちゃんの母校でもある地元の教育大学。ただ、おじいちゃんは社会科教員だったんですけど、わたしはどうしても暗記が苦手で、そのかわり絵を描いたり彫刻やったりするのは好きだし得意だったので、美術教育専攻を志望しました。

大学四年間は、まあ楽しかったかな。人並に勉強して、サークルでダンスやって、友だちと絵画展もやって。教育実習も楽しかったんですけど、美術は担当コマ数がどうしても少なくなっちゃうので、ちょっと物足りなかったり。わたしの三倍くらい授業実習をやってた英語や国語の同級生からは、かなり羨ましがられたけど（苦笑）。

そのかわり、道徳やりました。当時はまだ教科ではなくって、教科書もないので、本当に自由にやった感じです。生徒たちが美術の時間に描いたデッサンを見比べながら、「個性ってなんだろう？」というテーマで授業したんです。同じ石膏像を見て描いても、やっぱりそれぞれだね、この違いに気づけるってのが大事だよね、みたいな。ちなみに、それがすっごく面白かったので、卒論のテーマは美術と道徳のコラボレーションを主題にしました。たしか題目は、「作品制作と批評の道徳教育的意義――「個性尊重」を念頭に――」だったかな。

そんなふうに順調に教職への道を邁進してたんで、だからやっぱり、四年生のとき教員採用試験で見事に落っこちたのはつらかった……。成績だって決して悪くなかったし、大学からの推薦ももらって一次試験は免除、クジョウ先生はもちろん、教職センターの先生も太鼓判を押してくれてたんですけどね……。ま、採用予定数が三のところに九〇人の応募で、倍率三〇倍だったけど。一応、小学校の免許も持ってたんですけど、おじいちゃんが中学校教員だったから、わたしもやっぱり中学校の美術やりたいってことで、中学校志望一筋。

だけど、年が変われば美術の採用枠が増えるというわけでもないから、結局その後三年間、非常勤講師でした。職があるだけ、経験を積めたからいいと言えばそうなんですけど、お給料はとても生活していけるようなものではないし、そもそも、授業時間以外の準備も含めて時給換算したら、かなり泣ける事態に……。結局、アルバイトをかけ持ちして、なんとかしのぎました。

で、非常勤講師のまま苦節三年目、奇跡的に私立中学に正規採用。もうほんと、嬉しくて嬉しくて、嬉し泣きでした。念願の中学校教員になった！ってのもありますけど、一番は、ああこれで生活が安定する、っていうね。

■道徳科の不安■

その後は、もちろん大変ではあったんですけど、それでも楽しく美術教師やってきました。担任業務ももちろんやってます。だから、担当授業としては美術と道徳ってことになりますね。知ってるでしょ？　道徳は生徒のことを一番知っている担任が担当することになってるんです。教育実習のときにやった授業は、ブラッシュアップもしつつですけど、「輪番授業」でもやってる「十八番《おはこ》」の授業です。ああ、輪番授業っていうのは、他の先生たちと道徳のクラスを交換して、いろんな先生のいろんな道徳の授業を生徒たちが受けられるようにするって取り組みなんですね。管理職や教育委員会としては、そういう全校的な取り組みにすることで、脇に追いやられがちな道徳の授業をてこ入れしようってことなんだと思うんですけど。

＊

ああそれで、お尋ねの道徳の教科化[3]についてですけど、はっきり言って、やっていて不安で仕方ないですね。

さっきの話の繰り返しになっちゃいますが、道徳が「特別の教科　道徳」になるってことで、一番大きいのは、教科書ができることと、評価をするってことです。まず、これまでの「道徳の時間[4]」は、教科書がなかったから、比較的自由に教師が授業をつくることができたんです。それもあって、よく言われているとおり、他教科の補習やったり、せいぜい出来合いの映像資料を視聴して、感想書かせて終わり、っていう授業をやってる人もいました。手抜きといえばそうかもしれないけど、でもそれはそれで、現実的で良心的な判断だったって部分もあると思うんですよね。

だってやっぱり、子どもに価値を押しつけるのはよくないじゃないですか。なんでだろう？　わたしが美術教師だからかな。このあたりがすごく気になります。わたしは、どれだけ自分が個人的に好きな作品でも、それを生徒たちに美しいものとして押しつけたりはしない。まして、美とか芸術とかが国によって定義されて、それを教えるなんてありえない。でも道徳には、教科書ではないですけど、当時も『心のノート』とか『私たちの道徳』って教材があって、それは要するに国がつくったもので

（3）教科化

一般に教科の形式的条件としては、①教科書、②教科の専門免許状、③学習達成の評価、の三つが挙げられる。ただし今回の道徳の教科化においては、①検定教科書の作成、③評価は実行に移されたものの、②専門免許状はつくられず、道徳科の授業は児童生徒の平素の状況をよく知る学級担任が行うとされた。教科書については、二〇一七年秋、小学校一年生の読み物教材にでてくる「パン屋」が「国や郷土を愛する態度を養う」という目標になじまないとして「和菓子屋」に書き替えられたということで、物議をかもしたことが記憶に新しい。

（4）「道徳の時間」

戦後新学制のもとでは、明治以来の「修身」は廃止され、道徳を扱う教科は置かれなかった。しかしその後、政治的・社会的な道徳教育要求を背景に、一九五八年改訂の学習指導要領から、「各教科、特別教育活動および学校行事等における道徳教育と密接な関連を保ちながら、これを補充し、深化し、統合し、またはこれとの交流を図り、児童の望ましい道徳的習慣、心情、判断力を養い、社会における個人のあり方についての自覚を主体的に深め、道徳的実践力の向上を図るように指導する」教育課程上の「領域」として、「道徳の時間」が特設された。

す。しかもどの教材も、なんとなく、もう特定の価値観が前提されてるっていうか、一つの価値判断や行動に向けて子どもたちを誘導していく、みたいにどうしてもなりがちで。やっぱり子どもたちって鋭いですから、「登場人物の心情を自分なりに考えよう」とか、「あなたなら、こんなときどうしますか?」って発問すると、やっぱりどこか、わたしの意図というか、わたしが望ましいと言いそうな判断や行動を読み取って答えるんです。

もっと言うと、最初の頃はそんな感じでもとりあえず授業に付き合ってくれるんですけど、だんだん子どもたちも飽きてくるというか。去年のクラスでは、面と向かって言われましたよ。「道徳の授業、先生の考えてることを当てるゲームだよね」って。そのときはさすがに、自分でもどうかと思いました。そんな授業をする意味あるのかな? って。

でも、それが嫌だって言っても、教科書ができたらもう誤魔化せないわけです。学年で授業進度を揃えましょう、っていうのが学校現場ではけっこう流行ってるんですけど、そうなると、自分のところだけ教科書やってないっていうのがバレちゃうってこともあるしね。もちろん、そのあたりの雰囲気や運用のあり方は学校にもよるっていうのはあるんですけど。でもそれで、教科書を使うのが前提になってる学校に勤めることになっちゃって、それ使って授業やるしかなくて、それでも頑張って押しつけを避けようとなったら、やっぱりかなり難しいし、そりゃあ不安にもなります。そんな授業の方法論なんて知らないですしね。

なんというか、うん、不安だし、納得できない。教材が?・?・な感じで、しかもそれをカバーできる専門的な知識や方法論も持っていない授業をやらなくちゃいけないっていうのは、ちょっとね。

＊

で、それでさらに評価でしょ？　どうすればいいんですかね？　生徒の話をそのまま引き受けて言うと、道徳の評価って、わたしの意図を正確に「忖度」してくれた子を「道徳的」って評価することになっちゃうじゃないですか。

それっておかしいよね？　もちろん、人の気持ちをわかるってのは大事だけど、目上の人の考えているとおりの答えを出したら「道徳的」って……。しかも、評価は記述式[5]なんです。そう、数値とかではなく、文章でコメントをつけるやつ。まさか、「あなたはわたしの意図をよく「忖度」して、思ったとおりの答えを出してくれましたね」って書くわけにもいかないでしょ？

それに、確かに道徳を数値で評価するのはおかしいと思うけど、それで記述式評価にすることの負担のほうも、もうちょっと考えて欲しかった……。文字数にもよるんでしょうけど、指導要録や通知表に、子どもの道徳的成長について書くなんて、考えただけでも憂鬱……。三五人とか四〇人とかの道徳的成長を、ほかの仕事と並行しながら、一週間かそこらで書くのよ。しかも、いまどき手書きで！　そりゃぶっちゃけた話で言えば、市販の文例集を参考にしたりはするけど。

とまあこんな感じなのに、「道徳教育推進教師」よ。もーほんとに困ってて。ほかに誰かベテランの先生いないんですかって一応訊いたんだけど、まあ、いまの学校現場って、団塊の世代の大量退職があって、ベテランの層が薄くなってるの。人がいない。主任の先生にこれ以上兼務させるとつぶれちゃうってことで、順番に役割が下ろされてきて、それで講師時代を足すともう八年目ってことで、

（5）記述式評価

道徳科では、他教科のような数値評価（評定）ではなく、文章による記述式評価を行うとされている。その評価は、在学する児童・生徒の学習及び健康の状態を記録する「指導要録」、また、一般的には各家庭に配布される「通知表」に記載される。

誰もやりたがらない学校全体の道徳教育の仕切り役を、わたしがやることになった、と……。「それはちょっと異例すぎるんじゃ？」って言ったら、「先生の道徳、生徒たちの評判もいいらしいじゃないですか。推進教師は大役ですが、まあなにごとも勉強ですよ」って、そんなぁって感じよ、ほんと……。あ、いやいや、どうにかならないかな、と思うんです、はい。

えーと、道徳の教科化は確かに、いろいろと考えなくちゃいけない問題がたくさんあると思う。そして現場的には、問題の根源は、その問題をじっくり考えて準備をしていくための余力がないってことだと思うんだよね。時間的にも、人的にも。わたしみたいな普通の、とくに道徳について専門的に考えたこともない教師が、担任業務と授業準備をこなしつつ、美術部とバドミントン部の顧問もありつつ、保護者対応もしつつ、研究授業やりつつ、そのうえさらに道徳もやるって、ねぇ。

それで先生のところに来たってわけなのよ、ケイタくん――。

録音日時：六月一五日14：02－15：13　蒸し暑い日

3 ケイタの疑問

――なるほどね。ナナさんらしくない暗い顔してたのは、そういうことだったわけか。

一時間以上のインタビューデータの文字起こしをやっと終えて、そのときのナナさんの表情を思い出しながら、道徳教科化に振り回されてるらしい現職教員のしんどさが、なんとなくわかった気がした。修士論文のためのインタビューってことで、ちょっとかしこまった感じで話し始めたナナさんが、だんだん昔みたいな口調になってきて、それで最後にやっぱり昔みたいな口調で、ぼくのことを心配してくれた一言が、まだ耳に残っている。

「ケイタくんさ、自分で話しといてアレだけど、これでもまだ、学校の先生、なりたい？」

ナナさんはぼくのいとこだ。ただ、年齢は六つくらい離れていて、小さい頃一緒に遊んだっていうような感じでもない。中学校くらいまでは、親戚が集まるときにちょっとあいさつをする程度だったと思う。普通に話すようになったのは、中三の高校受験のとき、試験の前に三か月だけ家庭教師をやってもらってからだ。ナナさんは確かその頃大学生だったと思うけど、大ざっぱに見えて勘が鋭いというか、やたら本質的というか、心を大人に見透かされてはならない思春期の中三男子的には、油断のならない人ではあった。

ただ、それは別に嫌いというわけではないというか、姉御肌で面倒見のいいナナさんを、ぼくはなんだかんだで慕っていたと思う。だから、そんなナナさんをあんなに疲弊させている教育現場や道徳の教科化について、なんだかとても腹が立ってきた。と同時に、なにかぼくにできることはないのか、とも思う。まあ、モラトリアム大学院生で、修士論文も教員採用試験もままならないぼくにできることなど、たぶんないのだろうけど。

「なにかできること、ですか。そうですねぇ、わたしも同じ気持ちです」

「え？　そうなんですか？　クジョウ先生って道徳教育の先生ですよね？　道徳教育なんてやめれば

いい、みたいなこと言ったら怒られそうだな、とか思ってたんですけど、意外」

　クジョウ先生は、ぼくが所属するゼミの先生だ。言い忘れたけど、ぼくはナナさんの母校でもある地元の教育大学の大学院生。所属するクジョウゼミは道徳教育がテーマになっていて、だからぼくも道徳教育関連で修士論文のテーマを考えていたら、クジョウ先生から、現場の教師がどんなふうに道徳の教科化を受け止めているか、少し調べてみたら、と提案されたのだった。それでこの前、現役の中学校教師のナナさんにインタビューしたというわけである。

　中間報告ということで、インタビューで聞き取ったことを若干の感想も交えながら説明したのだけど、自分でもわかるくらいイラ立ちまぎれになっていた。で、道徳なんか、みたいな口ぶりでしゃべってしまったわけだけど、それにクジョウ先生が同意してくれたのは、ちょっと意外だった。

「意外？　わたしが怒る？　そんなわけありません。わたしたち研究者は、物事を批判的に見ることが仕事です。そして批判というのは、物事の可能性と限界の両方を見極めるということです。だから道徳教育を専門にするってことは、道徳教育バンザイ！　っていうことではないですし、むしろ必要ならば「こんな道徳教育はいらない！」というメッセージを発信することだってあります」

　そういうもんなのか。

「で、気持ちというかイラ立ちはよくわかりましたが、それはそれとして、ナナさんの話を聞いたうえで、あなたは道徳教科化のなにが問題だと思ったんですか？」

「えーと、一つは、新しい教科をつくるってことの負担が全然考慮されてないってことですね。ほんとに「ブラック労働」[6]だと思います。ナナさんも、美術科教師と担任の業務、保護者対応、その他の事務仕事、それに美術部の顧問はともかく、バドミントン部の顧問で休日もつぶれちゃって、そのうえ新しく道徳までやるって、仕事多すぎだと思います。新しいことを現場にやらせるなら、人を増やしたりしないと無理だと思うんですよね」

「なるほど、まったくそのとおり」

「で、それを前提にしたうえで、道徳教育自体がナゾすぎます。「資質・能力」とか、「アクティブラーニング」とか、「考え、議論する道徳」とか、とにかくよくわからない言葉が飛び交っていて。そしてそんなこと言いながら、結局、道徳教育って価値の押しつけじゃないですか。で、それを評価するわけですよね？　上手く言えないですけど、もともと道徳教育ってなんだかアヤシイうえに、新しい言葉がどんどん出てきて煙に巻かれてしまうっていうか。そんなこんなで、そのよくわからないも

（6）教師の「ブラック労働」

二〇一六年度に文部科学省が公立校教員を対象に実施した「教員勤務実態調査」によれば、小学校教員の約三割、中学校教員の約六割が、「過労死ライン」とされる月八〇時間以上の残業をしている。教員世界に長時間残業が蔓延する原因については、教職の「無限定性」（教師の仕事はその特性上終わりが見えない）、日本の教員文化の特質としての「献身性」など原理的・文化的な要因のほか、少子化を理由とした教員数の抑制策といった政策的原因などが、複雑に絡んでいる。また、「公立の義務教育諸学校等の教育職員の給与等に関する特別措置法（給特法）」は、公立学校教員に月給の四％分をあらかじめ「教職調整額」として上乗せする代わりに、残業時間がどれだけ長くとも時間外勤務手当・休日勤務手当を支給しないと定めている。これにより財政的な問題が長時間労働是正に向けた適切なインセンティブを生み出さないという制度的欠陥も、教職の「ブラック労働」化の背景を成していると考えられる。

のを現場ではしっかりやれよってことになってる。そりゃ不安になると思います」

「ただでさえ怪しくて理解しづらい道徳教育が、さらによくわからないスローガンをともなって、余裕のない現場に押しつけられてる、ってことですね」

「そう、そんな感じです」

「ふむ、その実感は正しいと思います。現状、道徳教育は見切り発車もいいところで、とても混沌としている。よくわからないけど、ともかくやることだけは決まってる、という状況は、現場教師にしてみれば、とても不安だと思います」

「そうだと思います。いったいどうすればいいんでしょうか」

「んー、そうですね。まずは、この混乱の構図を整理することが必要ですね」

＊

クジョウ先生はこの後、道徳教育の歴史や理論について、かなり懇切丁寧に説明をしてくれた。先生曰く、こういう時事的な事柄の分析は、情報も限られているので仮説的になりがちだ、その分を割り引いて聞いてくれ、とのことだったけど、それでもそこそこ納得できるものだったと思う。ただ、ここでそのすべてを一気に説明するのはとても無理なので、僭越ながらぼくなりに理解したところを代わりに説明しておこう。

話は大きく二つ、①新しい学習指導要領の基本的な性格と、それを踏まえたうえでの②「特別の教科　道徳」について。

■新しい学習指導要領の基本的な性格■

まず重要なのが、二〇一七年から順次告示された学習指導要領で打ち出された「資質・能力」(以下「」はずす)というコンセプトだ。学校教育で育てるべき子どもの人格や力量についての新しいコンセプトなんだけど、大きく以下の三つの柱で把握されるらしい。

①「何を知っているか、何ができるか(個別の知識・技能)」
②「知っていること・できることをどう使うか(思考力・判断力・表現力等)」
③「どのように社会・世界と関わり、よりよい人生を送るか(学びに向かう力、人間性等)」

考え方としては、一九八九年告示の学習指導要領が示した「新しい学力観」、また二〇〇八年学習指導要領の「生きる力」の延長線上にあるとも言えるんだけど、それと同時に、いま世界の教育界で流行している「コンピテンシー」の考え方の日本版だとも言える。

このアイデアの背景にあるのは、ぼくたちが一般に「学力」という言葉で思い浮かべるもの、つまり、ペーパーテストによって測られるような、暗記した知識の量や計算などの技能の習熟度というようなものをなんとか退けて、学校教育が保障する子どもの人格や力量のイメージを刷新しようという意図だ。そこでは、断片的な知識をただ暗記するような学習や、単純な技能をドリル的な反復学習によって身に刻みこむような学習は忌避される。なぜなら、変化の激しいグローバル世界において、いくら知識や技能をためこんでも、それらはすぐに古くなってしまうからなんだ。代わりに重要になってくるのが、社会のなかで生きて働く力、すなわち、考える力、知識や技能を現実に合わせて活用する能力、表現力、コミュニケーション力などなどの抽象的なスキルってやつ（そういえば、関係あるのか知らないけど、「○○力」って一時期めちゃくちゃ流行ったよね）。ただしそれらは、学習者の人格や内面のありよう（関心や意欲、態度）と離れてはありえないとも言われてる。そして、個人のなかに育つこれらの力の総体こそが、グローバル世界を生き抜くうえで重要な、生きて働く学力、「生きる力」、つまりは、資質・能力だってことらしい。

なるほど。そりゃあ、せいぜい受験のときだけしか使えない知識を頑張ってためこむというのじゃなくて、もっと社会に出たときに使える知識や技能（それはつまり、その知識をどのように使えばいいかも知っている、ということ）を学ぶというのは納得できる。そういうふうに意欲的に自分の人生を切り開く人っていうのは、魅力的な感じもする。んー、確かに、生きていくために必要な力って感じはするかな。

ただ変なこと言うけど、これってもう、「人間まるごと」って言ってるのに等しいよね。知識・技能、それを活用するスキル、そして活用する人間の心のあり方、これらが全部入ってるってことなんだから。学校教育は人間をまるごと育てます、って、なんだかよくわからないけど、とにかくえらいことだな。大丈夫？

この資質・能力っていうのが今度の指導要領の「目玉」だっていうのは、この言葉が、すべての教科や領域を貫くキーワードになってるってこと。少し誇張して言うと、以前の考え方が「教科の内容を学ぶ」って感じだったのに対して、資質・能力って考え方は、前提として個々人はもともとそれなりに資質・能力を持っていて、その子たちが各教科の本質的な学習活動をくぐることを通じて、教科固有の見方・考え方を身につけ、資質・能力を増大させていく、みたいなイメージを持ってるとも言えるかな。そういう考えだと確かに、子どもたちは「主体的な学習者」って感じがしてきて、うん、なんかよさげな感じだ。

そしてこの考え方は、「アクティブラーニング」、最近の文部科学省の言い方だと「主体的、対話的で深い学び」ってやつとも重なるね。「対話的」ってのは、友だちや教師、地域の人、あるいは書物などに記録された先人の優れた知恵など、広い意味での他者の考え方を手がかりにしながら学ぶということを意味するらしい。あと、「深い学び」ってのは単に知識を蓄積するだけじゃなく、それらの知識を関連づけたり精査したり、あとは問題の発見や解決、なにかの創造を行うことらしい。

具体的な授業のレベルで言えば、こういうことかな?

これまでの一般的な授業というのは、たとえば先生が教科書の内容を解説して、練習問題を提示して、「はい、これわかる人?」とやる。すると児童や生徒の何人かがパラパラと手を挙げる。起立して答えを述べ、先生が正解・不正解の評価をして、また先生がしゃべる、みたいな感じ。

それに対して、新しい「主体的・対話的な学び」の授業はだいぶ違う。先生の発問に対して、まずペアでアイデアを出し合う。そのあとグループで話し合って、その結果を発表。ズラッとホワイトボードにまとめられたグループの意見を、全体で点検、みたいなのが一般的かな。もっとテクニカルなやつだと、ジグソー学習法とか、ゲーム形式の授業とかもあるね。さらにもっと高度に、みずから設定した課題を、調べ学習、実験、フィールドワークを組み込んで解決するみたいな、いわゆる探究型学習とかも含まれる。

確かに、先生の解説と「一問一答」で淡々と進む授業よりは、後者みたいなペア活動、グループ活動を交えたほうが、少なくとも児童生徒目線で言えば、なんとなく魅力的な感じはする。

＊

知識偏重・暗記中心授業の克服、活用力の重視、社会で生きることと結びついた意味のある学習、子どもの主体性を尊重した授業……。まあね、確かに？　うん、ちょっといい感じかも。あくまでなんとなく、だけど。なんだか口車に乗せられてる気もするけど。

■「特別の教科　道徳」■

で、「特別の教科　道徳」、つまり道徳科も、子どもが持ってる資質・能力を、道徳科に固有の仕方で育てるっていう位置づけになるわけだ。

資質・能力の三本柱に厳密に沿って説明するのは難しいんだけど、たとえば、道徳科の目標にある「道徳的諸価値の理解」なんかは「何を知っているか、何ができるか（個別の知識・技能）」に重なるのかな。同じように、「物事を多面的・多角的に考え、自己の生き方についての考えを深める」は、「知っていること・できることをどう使うか（思考力・判断力・表現力等）」あたりか。「よりよく生きるための基盤となる道徳性」とか「自己を見つめ」「自己の生き方についての考えを深める」は、ほかと重複しつつ「どのように社会・世界と関わり、よりよい人生を送るか（学びに向かう力、人間性等）」のところにあたるらしい。

道徳科の目標

［前略］よりよく生きるための基盤となる道徳性を養うため、道徳的諸価値についての理解を基に、自己を見つめ、物事を広い視野から多面的・多角的に考え、人間としての生き方についての考えを深める学習を通して、道徳的な判断力、心情、実践意欲と態度を育てる。

ちなみに、道徳性には「道徳的な判断力」「道徳的な心情」「道徳的な実践意欲と態度」という「様相」があるらしく、これらをバランスよく育てることが必要らしい。よい／悪いを判断できるか、感じ取ることができるか、実際に行動できるか、みたいなことかな？　うーん、よくわからなくなってきた。むりやり文言を合わせてるような感じが、ちょっとしんどいぞ……。

あとは、授業づくりのスローガンとして、「考え、議論する道徳」がある。こっちはもう少しわかりやすい。要するに、いままでの「道徳の時間」は、国語と区別しがたいような読み物資料を読む授業になりがちで子どもたちには評判悪かったのと、それが結局教材に示された望ましさ（道徳）を子どもたちに注入するだけの授業になりかねないってことで、それを克服したいらしい。押しつけ・注入じゃなくて、子どもたちが道徳のさまざまな論点をめぐって活発に議論する授業が大事、ってことね。

ただ、ぼくがとても気になったのは、そしてクジョウ先生もすごく気にしてたのが、道徳科の「内容項目」だ。内容項目っていうのは、道徳科で取り扱うべき教育の内容のことで、学習指導要領の解説では「中学校の3年間に生徒が人間として他者とともによりよく生きていく上で学ぶことが必要と考えられる道徳的価値を含む内容を、短い文章で平易に表現したもの」（中学校の場合）とされてる。小学校低学年で一九項目、中学年で二〇項目、高学年で二二項目、そして中学校で二二項目定められてて、中身は「A　主として自分自身に関すること」「B　主として人との関わりに関すること」「C　主として集団や社会との関わりに関すること」「D　主として生命や自然、崇高なものとの関わりに関すること」の四つに分類されてる。

これがなんで気になるのか、ってとこなんだけど、これって要するに、文部科学省という国の機関が、子どもたちに必要な道徳、つまり、人間としての「よさ」を定義してるってことにならないかな？　それってなんかおかしくない？

そもそも、いったいどういう基準でこれらって選ばれてるんだろう？　いったい誰が、どういう権利で、ぼくたちの道徳を定義してるんだろう？　なぜそれが、当然のように学校で教えられているんだろう？　こんなに大事なことなのに、どこにもそれが書かれていない。

実際これの影響力はけっこう大きいらしい。なにしろ道徳科の検定教科書では、この内容項目一つにつき一つの読み物教材が収録される形になってるんだそうだ。うがった見方をするなら、官僚や政治家の人たちは、この内容を操作することによって、自分たちに都合のよい性質・性格の子どもを育てることも可能になっちゃうわけでね。戦前・戦中の教育勅語とか修身みたいに。[7] ちょっと考えすぎ？　うーん。


ふー、大ざっぱに言うと、こんな感じ。あ、クジョウ先生曰く、だけどね。

道徳科をどうみるか

「んー、んー、んー、ムズカシイ。でもまあ、かろうじて？　なんとなく？　わかりました。資質・能力の三つの柱、それを育成する道徳科のコンセプトいろいろ」

「そうですか、とりあえず伝わってよかったです」

「で、説明はわかったんですけど、そういう新しい考え方を先生はどう評価してるんですか？」

「気になりますよね、そこ。そのあたり、わたしもスパッと明言したいところですが、実はこれがなかなか難しいのです」

「というと？」

「ちょっと説明が長くなるのですが、少し我慢してください。まず大前提として、道徳科においてもっとも警戒すべきは、政治的な思惑がストレートに入り込むことによって、教育が広い意味での政治の道具、統治の道具になってしまうことです。わかりやすい論点としては、「愛国心」がありますね。二〇〇六年の教育基本法改訂で、第二条（教育の目標）の第五項に「伝統と文化を尊重し、それらをはぐくんできた我が国と郷土を愛するとともに、他国を尊重し、国際社会の平和と発展に寄与する態度を養うこと」というのが入りました。教育基本法改訂の経緯を見るかぎり、これはどう見ても明らかに保守的政治家や知識人の意図が反映された法改正だったわけですけど、道徳科はこの変更を実質化するための教科という側面を拭えないわけですね。愛国心については、「それ自体がよろしくない」という人から、「排外的でない健全な愛国心もある」と擁護する人まで意見のバリエーションはありますが、ともあれ学校で押しつけ的に教育（注入）することは望ましくないとわたしは考えています」

「同感です！」

「また、このような国民国家レベルの政治意識だけじゃなくて、もっとミクロな人間関係の価値観、

（7）教育勅語と修身

教育勅語は、一八九〇年に明治天皇の名のもとに出された、天皇を中心とする国家主義的道徳を説く文書の通称。公式の名称は「教育ニ関スル勅語」。全文で三一五字。文書では「父母ニ孝ニ」から「一旦緩急アレハ義勇公ニ奉シ」と徳目（道徳）が数えあげられている。それら諸徳は「以テ天壌無窮ノ皇運ヲ扶翼スヘシ」、すなわち「天地と同じように永遠に続く皇室の運命を助けるべし」という文言に収斂する。そしてここで示された（道徳）教育を担う「筆頭教科」が修身である。これらは、明治以降アジア・太平洋戦争敗戦までの国民統合・戦争遂行の重要な道具立てとして機能していたことが知られている。

いわゆる家父長制イデオロギーや伝統的家族観のような価値観が、道徳科を通じて子どもに押しつけられる可能性も気になりますね」

「ああ、「家では夫（お父さん）が一番偉いんだ」「妻（お母さん）は夫を立てて、三歩後ろを歩きましょう」みたいな」

「そんな感じですね。もっとマイルドに「家族を大事にしよう」「お世話をしてくれるお父さんやお母さんに感謝しよう」くらいならいいじゃないか、という意見もあるかもしれませんが、実際の家族というものは、とっても複雑です。虐待を経験している子どもも、一定の割合でいます。そんな子どもたちに家族愛を押しつけてはいけないでしょう。またそうでなくても、母子家庭、父子家庭、あるいは同性カップルなど、必ずしも父、母、子というかたちに収まらない家族像を念頭に置いた教育にしていく、というのは、教育の現代的な課題だと思います」

「なるほど。要するに特定の恣意的な価値観が押しつけられる道徳科はよくない、ということですね」

「そのとおりです。で、それを前提に考えたとき、資質・能力、あるいは「考え、議論する道徳」というアイデアは、非常に悩ましい」

「？？　そうなんですか？」

「ええ、まずそれら新しいアイデアは、わたしの考えでは、道徳科における価値の押しつけを回避する手がかり、あるいは押しつけ傾向を持つ検定教科書教材の「解毒剤」になりえます」

「解毒剤、ですか」

「そう、解毒剤。常識的に考えて、子どもがみずから学ぶ力（資質・能力）を引き出す授業、子どもの主体性や対話的な学び、深い学びを尊重する授業と、なにかの価値を大人が子どもに押しつける授業というのは、両立しなさそうですよね？」

「ああ、それはそうだと思います。もちろん、大人、というか教師が、特定の価値にそれとなく子どもたちの考えを誘導するということはありえると思いますけど」

「もちろんそうです。しかしそれは結局、子どもの資質・能力を育てる、子どもの主体性や対話の尊重、深い学びを目指すという、新しい指導要領のコンセプトを裏切っているわけです。ですから、仮に誘導的な教材や授業があるとするなら、この「考え、議論する道徳」というアイデアは、そんな授業を是正するための原則となるはずです。押しつけたら、「考え、議論する」にならないでしょう？逆に言えば、ちゃんと「考え、議論する」ような授業づくりを追求するなら、押しつけの教材や授業は自然と淘汰されるはずなんです」

「なるほどなるほど、それわかります。そういえば先生、以前も言ってましたね。道徳科の検定教科書は、いろいろ騒がれたわりに、結局読み物中心だし、その読み物も特定の結論に結局は誘導するようなものが多いって」

「そのとおりです。検定教科書の分析については、いまいろんなところで進んでいますが、多くの研究者が同様の指摘をしています。そこからいうと、授業づくりの基本原則として、子どもの主体性や対話性、深い学びなどといったことを尊重しようという発想は大事です」

「具体的には、なにが変わってくるんですか？」

「たとえば、検定教科書でよく話題になる主題として、「ルールの尊重」をとりあげましょう。子どもたちのいわゆる「規範意識の低下」を克服すべく、道徳科ではルールを尊重する態度を育てようという声が多くきかれますし、そのような価値への誘導があからさまな教材も多くあります。しかし、そんな教材をただ読み解いて、「ルールはちゃんと守らないとダメだよね」というところに落ち着く授業は、先の原則に照らせばよろしくないから、改善の余地があることになりますよね？　そしてさらに「考え、議論する」ためには、教室にいる子どもたちみんながそれぞれの立場から多面的に主題を分析するという活動を組織しないといけません」

「あー、わかりました。そうすると「ルールの尊重」という主題の授業は、「ルールを守りましょうね」という安直な締めで終わるんじゃなくて、んー、たとえばですけど、「ルールはなんのためにあるんだろう」「すべてのルールが守るべきものだろうか」「ルールはつねに正しいのだろうか」「ルールがあることによって不幸になっている人はいないのだろうか」みたいな考えが引き出されたり、交換されたりしなきゃダメってことになりますね」

「それです！　まさに」

新自由主義時代の道徳教育

「そうすると、先生は資質・能力とか「主体的、対話的」云々とか、「考え、議論する道徳」とか、そういう概念やアイデアを肯定的に評価してるってことですか？」

「そこが悩ましいところです。少なくとも手放しで評価することはできません。少し抽象度があがりますし、わたしの仮説もかなり含まれるのですが、いいですか？」

「ぜひお願いします」

「一言で言えば、資質・能力というのは、新自由主義に適応した子ども理解、人間理解だということです。新自由主義、授業でやりましたよね？」

「しっかり理解できてるか自信ないですけど、あれですよね？　新自由主義って、「人間は自由である」っていう自由主義の考え方を経済方面にぐっと引き寄せてる考え方というか、ああ「市場原理主義」とか言ってましたっけ、先生？」

「そうですね、だいたいそんなものです。自由主義というのは、人間の自由を尊重する政治思想で、近代のヨーロッパを発祥としつつ、現代では世界各地で重要な原理とされています。これ自体はとても大事ですね。たとえば絶対王政の時代、国民は家や土地も含めて全部国王の「持ち物」みたいなものでした。いや、そうじゃないんだ、わたしたちは誰かの持ち物じゃないし、自分の主は自分自身だ、という思想はとても大事です。これが自由主義です」

「はい」

「そしてこの思想は、時代とともに洗練されていきます。思いきって一言でまとめると、人間は王様の権力から自由になるだけではまっとうに生きていけない。一人ひとりは弱い存在ですから、たとえ王様から「解放」されても、たとえば、飢えや貧困などの危険につねにさらされています。だからわたしたちは、お互いに自由でまっとうな生活を営むために、お互いの権利を保障しあうために、たとえば、「福祉」というアイデアを洗練してきたわけです。また、お互いの生活を守り合うために、ある意味で王様からの自由の象徴であった市場に規制をかけるというやり方も考えだしました」

「なんだか社会思想史の授業みたい（笑）」

「大事なことです。そして近年世界的に広がっている新自由主義とは、このような、人が互いにまっとうな生き方を保障しあうためにつくったアイデアや規制をとっぱらって、個人としてもっと豊かに、もっと自由になろうという考え方だと言えます。お互いのまっとうな生活を保障しあうための福祉やルールを、もっと豊かで自由になるための「障害物」と見なすわけですね」

「ふーん、すっきりしてるといえばそうですけどね。もっと豊かになりたい、という欲求に素直になって思いっきり生きればいいじゃん、みたいな」

「もともとなにがしかの意味で「強い」人であれば、それでもいいでしょうね。「強い」というのはつまり、「資本」を潤沢に持っているという意味です。しかし、当然ながらすべての人がそうであるわけではない」

「まあ確かに、お金持ちもいれば貧しい人もいる」

「それだけじゃなくて、人とのつながり（コネ）を持っていたり、社会的に認められやすい文化にたまたま親しんでいたり、いろんな「強さ」、いろんな「資本」のありようが考えられます」

「で、それとさっきの話はどう関わるんですか?」

「おっと、脱線しすぎました。ともかく、新自由主義というのは、そうしたいわば「弱肉強食」を肯定するような思想なわけですが、資質・能力というのは、そんな社会をその「弱肉強食」ルールに沿って生きていくうえで適合的な教育の考え方ではないか、と思うわけです。この概念は、子どもをいわば「小さな企業家」として理解していると言えます」

「小さな企業家?」

「ええ、つまりこういうことです。資質・能力は、子どもたちに対して、「この社会を生きるうえでより高い価値を持つ自分になっていくように、みずから主体的に学んで生きなさい」と言っているように、わたしには思えます。教育を社会に開くと言えば聞こえはいいですが、それはつまり、自分がいま学んでいること、身につけようとしている人格や力量は、社会のなかでどんな意味を持っているのか、それは社会のなかで求められているのかどうか、自分は社会に求められるような人間になろうとしているかどうか、といった高度な自己監視（モニター）作業を、子どもに課すことになると思います。そしてここで「社会に求められる」とは、市場において価値を持つかどうか、ということになります。なにしろ、社会自体が市場原理主義、つまり新自由主義化しているのですから」

「それって、道徳科で言うと、どういう問題になるんです？」

「たとえばですけど、子どもたちが自由に「考え、議論する」授業のなかで、「貧困に陥るのは勉強や仕事を怠けたからだ」のような意見を出したとしますよね？」

「ああ、なんかありそう」

「それはつまり、ある種の「自己責任」という新自由主義時代の道徳を、子どもたちが日々の生活のなかで自然に学んでいるということだと思います。子どもたちは、自らの資質・能力を用いて、つねにすでに社会やそこでの道徳に対して「適応」的に育ちつつある存在だということです。そして、それが道徳科の時間にむきだしで出てくる」

「ああ、なんとなくわかりました。そんなふうに子どもたちが自然に学んだ新自由主義的な道徳を、彼らが主体的に選んだものだから、ということで、そのまま肯定するのかどうか、ってことですね」

「そう、そのとおり。もう少し一般化するなら、押しつけないということは、子どもの現在を肯定するということ。それはとても大事なんだけど、しかし、そんな子どもの現在が一面的だったりする場合はどうするの？　という話です」

「なるほど。なんにしろ押しつける教育というのは、つまり大人が子どもに注入したい価値を選んで、それを押しつけるということだけど、資質・能力は押しつけない。むしろ自分で考え、自分で選べ、という。それは、誰かが恣意的に定義して押しつけてくる特定の道徳、人格、人間のあり方に縛られないという意味で自由だ。ただ別の言い方をすると、この新自由主義的な社会、要するに「市場」をよりよく生きるために、自分自身を「市場」にうまく「適応」させなさい、ってメッセージになっているかもしれない」

「そう、そのとおりです。もっと言うなら、例に出した「自己責任」という新自由主義的道徳は、道徳教育のなかで肯定される価値として疑問である以上に、資質・能力という道具立てがはらんでいる、教育そのものの否定でもあるとわたしは思います。新自由主義は、社会保障のような個人と社会の「安全装置」を切り崩してしまいますから、そこを生きる個人は、自分の能力一本で生きていかなければならない。しかし不確実な社会を「これさえあれば生きていける」という力量なんてわからないから、「自分で選びなさい、自由ですよ」というのが教育の基調になるわけです」

「あ、そうか。問題は二重になってるんですね。道徳教育の内容としての「自己責任」と、教育における責任一般の問題」

「そういうこと。わたしは資質・能力って、「教えること」と「学ぶこと」でできている教育なるものから、先行世代からの働きかけという意味での「教えること」を限りなく小さくした後に残る、「学ぶこと」そのもの、ある意味で、生き物の環境への「適応」に近いもののように思うのです。それって、次世代のよりよさを目指す人間の意図的な営みとしての「教育」とは、少し違うように思います。そこには、次世代の幸福をなんとかして保障してあげたいという「責任（レスポンシビリティ）」の感覚が欠落している。それってつまり、いろいろな理由で学びにつまずく子どもたちに対して、自由なのだから、その結果「倒産」することもあなたの「自己責任」ですよ、とならないでしょうか。「小さな企業家」は、自由であるがゆえに、「倒産」することもありますが、それは「自己責任」だ、というわけですね」

「うひゃー、うまく言えないけど、なんかすごく怖い。「自己責任」で「自己責任」を内面化する、みたいな話ですね。そんなこと考えたこともなかったです。そもそも自由とかって基本的にいいものだと思ってたし」

「いいものなんですよ、自由というのは実際。そして、少なくとも道徳的価値の押しつけに対して

「解毒剤」になる。しかし同時にそれは、大人の責任において子どもたちにまっとうな生き方を保障する、そのための教育という側面を、弱くするかもしれません。学校教育はなにも押しつけていない、だからその結果はすべてあなたの責任ですよ、と。そうすると子どもは「なるほど、学びは『自己責任』なんだな、そして、この『自己責任』って、この社会を生きていくうえで大事な価値なんだな」なんて、学んでしまわないでしょうか」

「うーん、いや正直言って、さすがにそれって考えすぎなんじゃないかな、とも思いますけど。子どもはそこまで自分で学んじゃうかなぁ……」

「スキュラとカリュブディスの間」

「まあそうかもしれません。確かに、これはわたしの直感的なものという次元を超えていない。資質・能力は新自由主義とかなり親和的な発想である、というわたし個人の直感です。なので根拠を問われれば弱いですが、とはいえ不安を感じることは確かです。しかし同時に、たとえそれが新自由主義であるにせよ、その性格の基本にある自由というモチーフは、新保守主義的動機からくる押しつけ道徳の「解毒剤」ではあるように思える。難しいです。ケイタくんは、「スキュラとカリュブディスの間 between Scylla and Charybdis」って聞いたことありますか?」

「初めて聞きました」

「英語の慣用句なんですが、日本語で言うと、「前門の虎、後門の狼」といったところです。スキュラとカリュブディスというのは、どちらもギリシャ神話の海の怪物です。英雄オデュッセウス一行は、トロイア戦争からの帰路、この二匹の恐ろしい怪物の棲み処に挟まれた海を通ることとなりました。一行はカリュブディスを避けることはできましたが、運悪くスキュラに遭遇してしまい、仲間の六人の船員が犠牲になりました。このように、非常に危険な二つの選択肢から一つを選ばなければならないという、にっちもさっちもいかない状態のことを、英語で「スキュラとカリュブディスの間」と言うそうです」

「ふむふむ」

「で、わたしは、道徳科について考えるとき、まさに「スキュラとカリュブディスの間」にいるような感覚に陥ります。道徳科のカリュブディスとは新保守主義であり、徳目の押しつけです。スキュラとは、新自由主義であり、資質・能力論であり、「考え、議論する道徳」です。わたしたちは、この狭間を、オデュッセウス以上に上手く、つまり、押しつけ道徳に与《くみ》することなく、しかし同時に、子どもや教師を神出鬼没の新自由主義の犠牲者にすることなく進むための、航海術を見つけだす必要があります」

「………」

「要するにここで言いたいのは、保守的な押しつけ道徳（新保守主義）を避けるべきことは言うまでもないが、その対極に目いっぱい舵を切っておきさえすればよいというわけでもない、ということです。対極には、新自由主義（スキュラ）という怪物がいます。そうである以上、最適の道は、それら極端と極端の間のどこかにあります」

「うーん……」

「もちろん、海（教室）の水面はつねに移り変わります。完全無欠の航路（授業マニュアル）をつくるのはかえって危険ですし、そもそも無理でしょう。最適の航路はつねに揺蕩《たゆた》っていて、だから重要なのは、最適を行くための大まかな地図（理論）と、状況のなかで判断する実践的思慮（教師の専門性）の両方だと思うのです……」

このあともたっぷり二時間、あーでもないこうでもないってやって、なんとかクジョウ先生とのこの日の面談は終了した。とても疲れたうえに、やっぱりどうもすっきりしない、気持ち悪い……。先生の言うことは、すごく説得力がある気もするし、学者さんが頭のなかでこねくり回したディストピア妄想って感じもする。うーん。

でも最後の先生の言葉には、確かにそうだな、と思った。えーと、確かノートにメモったはず。あ、これだ。

＊

「だからこそですね、ケイタくん。わたしたちは、積極的に、よりマシな道徳教育をつくることに、勇気をもって関わる必要があると思うのです。道徳科は、新保守主義的な押しつけ道徳になる危険性と、新自由主義的な「自己責任」論の温床になるという両方の危険性にさらされているからです。この二つの危険性の間で、憲法の理念にのっとった民主的な、人格や価値についての教育を積極的に創り出すことが、わたしたちの課題だと思います」

「わたしたちの課題」か。ずいぶん大変な問題の当事者にされてしまったような気がする。あー、道徳教育ってほんと、憂鬱だ。

4 クジョウ先生とナナの往復書簡

拝啓　ナナさま

クジョウです。

先日はわたしの研究室までわざわざ訪ねてきてくれて、ありがとうございました。あなたは相変わらず聡明で、芯が強く、そして学生のとき以上に子どもたちの声を聴くことを大事にするようになった。素晴らしい教師になったと思います。その分、つらいことも多いかもしれないけれど、どうか心と体に気をつけて。いよいよ疲れてしまったら、ちゃんと弱音を吐いて、きちんと休んでください。あなたの心身が健康であればこそ、子どもたちも育つというものです。

すでに十分プロフェッショナルであるあなたのような教師に、一研究者であるわたしからアドバイスなどというのはとてもおこがましいことです。とはいえ、わたしも教育学者のはしくれですので、あなたの教育実践を学問の言葉で整理するという仕方で、あなたの迷いに寄り添えたらと思っています。先日お会いしたときの補足になりますが、少しだけお許しください。

道徳科の授業をどう考えればいいのか。これはとても難しい問題ですね。しかしわたしとしては、授業というものの基本は道徳科でも同じと考えています。もちろん授業の基本と言っても、それはとても広く深いわけですが、道徳科に限って話をすれば、わたしは、その授業の基本のなかでも、「子どもをどうやってつかむか」、いわゆる「子ども理解」をまずは強調したいと思います。言い換えれば、子どもを発達の主体として理解する、ということですね。

道徳性発達という視点

子どもというのは、一般の大人が思っている以上に、小さい頃から善悪というものを理解しています。たとえば、発達心理学者のハムリンたちのグループは、実験によって、生後六か月の赤ちゃんが、向社会的行動と反社会的行動に対して評価を行っていることを明らかにしました（長谷川真里『子どもは善悪をどのように理解するのか？　道徳性発達の探究』ちとせプレス、二〇一八年）。「向社会的」とは、「他者と進んで交わり、他者を助けたり、役に立とうとしたりする」くらいの意味ですね。「反社会的」はその逆で、「他者に害を与えようとする」とでも理解しておけばよいかと思います。

その実験とはこんなものです。赤ちゃんに、主人公のマルが一生懸命に坂を登ろうと頑張っている姿を見せ、さらにそのマルを助けるサンカクと邪魔するシカクを登場させます。その後、赤ちゃんにサンカクとシカクのどちらかを選ばせる。すると、マルを助けようとしたサンカクを選ぶ傾向があるというのです。赤ちゃんは言葉がしゃべれないだけで、困っている人（マル）を助ける人（サンカク）は、「好ましい」と思っているというわけですね。

それはつまり、道徳的判断というものは――生得的、というのは言いすぎとしても――、発達のかなり初期から可能である、ということを意味します。そうしてみると、たとえば、「困っている人がいたら助けましょう」という道徳を小学校や中学校で教える、というのはどうでしょうか？　少し飛躍しすぎているかもしれませんが、わたしなら、六か月の赤ちゃんでもわかることを改めて確認するような授業は、さすがに退屈すぎます。

実際には道徳性発達はもっともっと複雑なものですから、安易に結論づけるのは早計かもしれませんが、しかし、しばしば道徳の授業が「わかりきったことを訊かれる退屈な時間」「先生が言って欲しいと考えていることを当てるゲームみたいな授業」などと言われるのも、こういうところからきているように思います。少し抽象化して言えば、そんな授業は、子どもを道徳的な無能力者であるかのようにとらえて、白紙に道徳を書き込む（注入する）ようなイメージなのかもしれません。それはあまりにリアリティを欠きますよね。まして中学生ともなれば。

また、そうかと思えば、およそ大人でも難しいような抽象概念が平然と学習内容に組み込まれているというのも、道徳科の特徴です。

たとえば、学習指導要領で定められた道徳科の「内容項目」では、小学校低学年で「我が国や郷土の文化と生活に親しみ、愛着をもつこと」「他国の人々や文化に親しむこと」とあります。前者は「内心の自由」という憲法の原則からも問題含みですが、同時に、「国」という抽象概念を小学校一、二年生がどこまで理解可能か、という視点が欠けています。「国」って、見たり触ったりすることのできない抽象物ですよね？　同じように、小学校中学年では「生命の尊さを知り、生命あるものを大切にすること」とありますが、「生命」なんて、プロの哲学者でも苦戦する抽象的概念です。

大事なのは、抽象的な思考には、それが可能になる発達段階というものがある、ということです。J・ピアジェという発達心理学者の古典的な見解では、抽象的思考の基礎が形成されるのが七〜一一歳くらいの具体的操作期、本格的な抽象的思考が可能になるのが一一〜一四歳の形式的操作期だと言われています。もちろんこれは、あまりに古典的な議論なので、そのまま実践に適用するわけにはいきませんが、ともあれ、小学校の生活科や社会科がどれだけこのあたりに心を砕いているかと考えると、道徳科の稚拙さが目立ちます。

ですから実践的には、道徳性発達における「発達の最近接領域」（ヴィゴツキー）を見極めるという観点が有益なように思います。発達の最近接領域というのは、簡単に言えば、子どもが一人でできる活動領域と、大人や有能な仲間と一緒ならできる活動領域の差分のことです。すでに一人でもできる（わかる）ことを教えてもつまらないですし、逆に友だちと助け合ったり先生の介入があってもなかなか太刀打ちできない高難度の課題は、学習意欲そのものを低下させますよね？　授業では、教師の指導や仲間との協同のなかでできることに活動の焦点を置くことで、それを足がかりに子どもは成長・発達を継続していくことができます。

もちろんナナさんは中学校の先生ですから、子どもの認知発達上の難しさは小学校ほど厳しくないと思います。しかしそうであっても、他教科のカリキュラム進行と付き合わせたときの矛盾や齟齬《そご》はどうでしょうか。気になります。

また、中学生、つまり青年期の道徳性発達という点では、「友人関係」が重要な意義を帯びてくるという発達の事実が重要ですね。

一般に青年期とは、児童期（少年期）には大きな影響力を持っていた両親など大人の規範に対する疑問を持ち始める時期です。そのかわり、同世代の友人関係が重要さを増してきます。要するに中学生は、親や教師よりも友だちなど同世代の人間に共感することが多くなり、そのことを通じて、両親からの「心理的離乳」つまり「自立」が促されると言われます。それは言い換えると、教師が行う道徳教育が心に届きにくくなるということでもあるでしょう。

ですから、中学校における道徳教育では、個々の子どもに対するアプローチよりも、集団の道徳性（心の習慣）に働きかける工夫がより大事になってくる、ということになります。「道徳科の時間にまじめに考えると、アイツらからバカにされそう」「こんなこと言ったら、あの子はなんて思うかな」というような、友人関係を強く意識して振る舞う中学生をそれとして理解しつつ、逆に、「まじめに道徳について考えてもバカにされない」という共通認識、「まじめに考えるって、けっこうカッコいいかも」という価値観を集団のなかにつくりだすことができれば、道徳科の授業は加速度的にうまくいくようになるのではないかと思います。授業の方法論としては、「哲学対話[8]」のようなものを取り入れてもいいかもしれませんね。

教育学の基本に還る

このようなアイデアは、教育学でも（細かな解釈の違いはあるにせよ）常識の部類に属するもので、歴史的な蓄積を持っている他の教科においては、一定程度理解されています。しかし残念ながら道徳科では、そんな教育学の基本が無視されているようにわたしには思えます。

なぜそんなことになってしまったのか、理由については、いろいろな見方ができるかと思います。一つには、アジア・太平洋戦争下の国家主義的な道徳教育が国民を戦争に動員する道具となったという事実が、良心的な教師や教育学者をして、道徳教育の研究から遠ざけたということがあると思います。このことは決して間違いではなかったと思いますが、道徳の教科化が現実となった現在においては、道徳教育論の貧困という意図せざる帰結を生み出しているかもしれません。

ただ、それはそれとして、いま言われている道徳科の問題は、教育学の基本をさしあたり応用してみるだけでも、だいぶ整理されるのではないかというのが、わたしが率直に思うところです。これを意識するだけでも、道徳科の授業は、子どもたちにとって、いまよりもずっと面白く意味のあるものになるのではないでしょうか。

わたしたち研究者は、大急ぎでその課題に取り組みたいと思っています。他方で、道徳科の授業をする先生たちは、「これはうちのクラスの子たちには難しい／簡単すぎる」などといった教材分析、教材の教育的価値についての批評性を、もっと存分に発揮してほしいと思っています。「クラスの子どもの発達は、担任（授業担当）のわたしが一番知っている」という自負を込めて。そういう研究と実践の努力がうまく結びついて、なんとかよりマシな道徳教育をつくっていきたいところです。

と、ここまで一気呵成に書いてみて、でも改めて読み返してみると、ナナさんには「釈迦に説法」というやつですね。ついつい昔の感覚で書き綴ってしまいました。お許しください。

クジョウ

……………………………………………………

クジョウ先生へ

ナナです。

この前は突然おうかがいしてすいませんでした。

たっぷり三時間話し相手（グチ相手？）になってもらったうえに、お手紙までもらっちゃって、な

（8）**哲学対話**
グループで共通の問いを自由に考える活動。アメリカの哲学者マシュー・リップマンが一九六〇年代末に始めた、「子どものための哲学」の活動に由来する。近年では小中学校の道徳科の授業のほか、大学の研究者（哲学者）のアウトリーチ活動を伴いながら、地域のカフェやコミュニティ施設、福祉施設など、さまざまな場所で広がっている。

のにお返事は遅くなっちゃって、感謝と申し訳なさでなんと言っていいやら。
ともかく、ありがとうございます！

■学校現場からの応答■

「発達の最近接領域」、懐かしいです。教育原理の授業でしたっけ？　あのときはテストのために必死で詰め込んだ感じでしたけど、いまはなんとなくわかる気がします。教師目線で言うなら、一人で簡単にできちゃうような課題を惰性で課すんじゃなくって、少し背伸びをさせるというか、教師の指導があるなら、それか友だちと一緒にならなんとかできる、くらいのレベルの課題を出すのが大事、ってことですかね。

ただ、その大事さはわかるんですが、三〇人以上いるクラスですべての子どものそれぞれの最近接領域に合わせて、なんていうのは無理かなぁ、と弱気になってしまう自分もいます。

それに、やっぱり教科書の存在は大きいです。先生みたいな大学の研究者の人たちは、審議会答申や指導要領の分析をたくさんしていると思うんですけど、実際に授業をやる側から言えば、直接的にわたしたちの仕事に影響を与えてるというか、実質的に決めてるのは、やっぱり教科書なんですよね。

もちろんわたしたちだって、道徳に限らず他の教科でも、教科書べったりってわけではなくて、ワークシートをつくったり、別の資料を印刷して配ったり、演劇やゲームを取り入れたり、いろんな工夫をします。だけどさすがに、教科書を完全に無視するわけにはいかない。あと、ベテランはともかく新採教師なんて、教科書会社が出してる指導書を授業開始一〇分前に頭に叩き込んで、どうにかこうにか授業の体裁を整えるのが精いっぱい、という現実もあります。

わたしだって、教科書の記述のあれこれに、「うーん、これじゃうちのクラスの子たちには響かないなぁ」なんて思うことはちょこちょこありますけど、そしてそれってたぶん、その教科書の内容が子どもの「発達の最近接領域」を外してるってことなんでしょうけど、すべての授業を自作教材でやるのは現実的にちょっと……。だから、基本は教科書にならざるをえないんです。制度的にも、現実的にも。

教科書、この悩み多きもの

それなのに、です。ちょっと言っちゃいますけど、今度の道徳の教科書って、結局押しつけじゃないですか？　「考え、議論する道徳」って言いながら、結局一つひとつの教材（単元）に「めあて」が掲げてあって、つまり子どもたちに「こういうときはこんなふうに考えろ、行動しろ」って、教科書自体が言ってる気がする。そんな教科書、できれば使いたくないです。だって、教科書が言ってる「こんなふうに考えろ、行動しろ」ってメッセージをうまくつかんだ子が、道徳的な子？　う〜ん、そんな部分もあるかもしれないですけど、でも授業のなかでは、必ずしも教科書の言う道徳の範囲に収まらない意見を言う子もいます。じゃあ、そんな子は不道徳な子？　それは違う気がする。だって、道徳に答えなんてあるんですか？

あと、ちょっとこれと矛盾してるかもしれませんけど、「押しつけ」云々とは別に、そもそも道徳科の教科書って、教材として「弱い」っていうのは、職場で検討したときの同僚同士の共通見解でした。要するに、面白くない。押しつけ的なメッセージはあからさま、そしてさらに、その押しつけ？に説得力がない、どっちにしてもダメだね、ってことです。少なくとも教科書は、子どもたちが夢中になって「考え、議論する」ようにはできていない。それを現場の努力でカバーしろ、って言われても、ずいぶんなハンデだな、って思います。

ほかの教科だったら、教科書の内容もそれなりになってると思うんです。それこそ長い歴史のなかで、いろいろと吟味されてきたから。でも道徳科は始まったばかり。だから、やたら「説教臭い」わりに、内容的に「弱い」、そんな状況で、子どもの声を引き出してそれに応える授業なんて、どうすればいいんでしょうか？


なんかまた悩み相談というか、グチというか、そんな感じになってしまいました。

すいません。

先生も、お体にお気をつけください。

ナナ

……………………………………………

拝復　ナナさま

クジョウです。

お手紙ありがとう。

わたしはいわゆる「手紙魔」ってやつで、e-mail全盛のこの時代にわざわざ手書きの手紙を送りつけるのですが、どうやらみなさんご迷惑みたいで、ちょっと反省です。でも、わたしの数少ない趣味なので、勘弁してくださいね。

■教師の底力を、まずは信じる■

はじめに言っておくと、そんな「説教臭い」「弱い」教科書の教材を使いながら、それでも子どものいろんな意見がたくさん出る、ということ自体、ナナさんのクラスの子どもたちのちから、そしてナナさん自身の教師としての一定の力量を表しているということは、確かだと思うのです。まず教科書が発する道徳的なメッセージを読み取れるということ自体——そのメッセージが真に道徳に適うものかということはさておき——、その子には教材を読み取るちからがあるということですよね。かと思えば、教科書のメッセージを超えて自分の意見を臆することなく言える子がいるというのもよいですし、子どもがそんなふうに自分の意見を安心して言えるクラスをつくっているナナさんの手腕も素晴らしいと思います。

それはつまり、たとえ洗練されていない教科書を使った授業を強いられているとしても——それ自体はもちろん批判しなければなりませんが——、教師と子どもは、教え、学ぶことができるということを意味しているように思います。学校教員が制度的存在である以上、教科書を完全に捨て去ることはできないとしても、[9]適切な距離を保ちながら自由な教えと学びが生まれうる可能性が残されている

（9）教科書使用義務

学校教育法第三四条では、「小学校においては、文部科学大臣の検定を経た教科用図書又は文部科学省が著作の名義を有する教科用図書を使用しなければならない」（中学校にも準用）と定められている。ただしもちろん、教科書以外の補助教材を用いることは可能であり（三四条二「前項の教科用図書以外の図書その他の教材で、有益適切なものは、これを使用することができる」）、むしろ子どもの発達に合わせた教育実践のために、積極的に奨励されるべきであろう。

ということです。そしてここに、よりマシな道徳科の可能性がある。

だからこそ、悩んでるんですよね？　単純に教科書のメッセージに沿って子どもを道徳／不道徳に選別するのではない仕方で、教科書に悩みながら授業をしているナナさん自身の声に頑張って応えてくれた子たちに、どんな応答をすればいいのかって。

「正解のなさ」は授業の可能性

まず一つ言えることは、そんなふうに道徳／不道徳の二元論で子どもを値踏みしたくないという教師にとって、道徳の「正解のなさ」（少なくとも、すぐには結論を出せそうもなさ）は、むしろ一つの福音とすら言える、ということです。

意外でしょうか？　しかし考えてみてください。算数の時間、計算問題の答えは、基本的に正解と不正解の二種類しかありません。ですからそこでの教師の応答は、まずは正解／不正解のどちらかということになります。しかし道徳はどうでしょうか？　道徳の授業には、甲乙つけがたい複数の声（意見）というものがありえますよね？　ある一面から見たら道徳的なことが、べつの観点からはそうでない、ということ、ありますよね？　そのような道徳事象や道徳判断の多面性、多元性は、異質な意見が互いに刺激し合いながら共存しつつ進んでいく、まさに「探求」と呼ぶにふさわしい授業の可能性を、道徳科に与えていると思うのです。

そしてそのような道徳事象や道徳判断の多面性、多元性を、人間形成の積極的な面に生かしていくために、わたしは、道徳科の授業者が、このような応答の力量、しなやかな「後の先」のちからを身につける必要があると考えています。そしてそのためには、授業者の側に、道徳なるものについての広く深い理解、ある種の教養が必要になります。国語や算数を教えるとき、教科書に載っている範囲を理解するだけで授業をすることはできないのと同じように、です。

では、そんな広く深い道徳理解は、どうすれば可能になるでしょうか。ここからはわたしにとってもチャレンジングな仮説ということを断ったうえで、その広さ、深さを可能にする素養、能力について考えてみたいと思います。

最初の一つは、子どもを道徳性発達の観点から見る、ということですが、これはすでに触れたので割愛しますね。ここではそれに加えて、さらに二つの観点を示しておきたいと思います。一つは、道徳科の内容項目に含まれている道徳的価値についての倫理学的素養をつけること、そしてもう一つが、子どもと教材の出会いを社会科学的に読み解くということです。

倫理学的に考える

まず、一つ目について。

今度の道徳科の検定教科書を見てみると、一つひとつの教材が、学習指導要領において定められた内容項目に、しっかりと紐づけられていることがわかります。たとえば（これは小学校の事例ですが）、「きんの　おの（金の斧）」という教材は、「うそをついたりごまかしたりしないで、素直に伸び伸びと生活すること」（小学校一・二年、見出し語は「正直、誠実」）という内容項目に対応する、という具合ですね。

まず基本的な考え方として、内容項目とは、子どもに注入しなければならない価値ではなく、子どもたちが学習活動において取り組むことが期待される内容だということがあります。つまり、この授業を受けることで子どもがうそをつかないようになる、という判断や行為、性格の直接的な形成が目指されているのではなく、たとえば、「うそをついたりごまかしたりしないで、素直に伸び伸びと生活すること」はなぜ大事なのか、それはいつどんなときでも守らねばならないのか、あるいは、人がうそをついたり素直でなくなったりするのはどんなときで、それはなぜなのか、などを多面的・多角的に議論して、この内容、またそこに示された価値を踏まえたときの自分自身の生活のありようについての理解を深めていくことが、授業のめあてとなります。その授業を受けて、結果として、ある子どもがうそをつかないこと、素直であることの重要性、必然性、価値に気づいて、自分自身もうそをつかない素直な子になろうと努力をはじめるということを否定しているわけではありませんが、それが絶対的なゴールになっているわけではない、ということですね。大事なのは、道徳的価値と、自分自身の生き方についての理解が深まるということです。

　そしてこれについての「考え、議論する道徳」が成功するならば、それこそ子どもからはいろいろな声が発せられるでしょう。


「うそはぜったいだめだよ」

「うそはだめだけど、人を傷つけないうそ、楽しいうそならいいんじゃない?」

「人を悲しませないためにつくうそなら、いいうそだよ」

「でも、うそをついてもいつかばれるし、うそをついた人もこまったり、痛い目をみたりするかも」

「じゃあ、うそをつかないのは、自分が痛い目をみないようにするため?」

「そうだよ。なんでも正直に話せば、いい気持ちで暮らせるし、周りのみんなも好きになってくれるよ」

わたしが考えた子どもの声の例だから、リアリティに欠けるかもしれないけど、それは措くとして、たとえばこんな子どもたちの意見がたくさん出てくる授業はとてもよい授業だと思います。では、これらの意見に対して、教師はどのように応えればよいでしょうか。どのように応えたら、子どもたちはさらに深い道徳の探求に誘われるでしょうか？　わたしなら、こう応えます。

「じゃあ正直に暮らすっていうのは、みんなから好かれるためってこと？　でも、たとえみんなから嫌われても、正直であることには価値がある、みたいな考え方はありえないかな？　どう思う？」

要するに、正直、誠実、うそをつかないというのは、なにかのため（痛い目にあわないため、幸せになるため）に大事なのではなくて、それ自体が価値なのでは？　ということですね。もちろん授業は「生物（いきもの・なまもの）」なので、こんな応答がよい結果を生むかどうかはわかりませんが、わたしとしては、「うーん、でも……」とさらに子どもたちが考えを深めてくれれば、という思いです。

そしてじつは、この応答の筋は、完全にわたしのオリジナルというわけではありません。これは、ドイツの哲学者I・カント由来の、義務論というタイプの倫理学の考え方をヒントにしたものです。道徳は、人間の幸福その他のための道具なのではなく、それ自体が価値だ、ということですね。また、その観点から見ると、正直であることの利得について考えていた子どもたちの議論は、非カント的な倫理学、たとえば功利主義という考え方にもつながっていくことがわかります。功利主義的に言えば、そのうそが人びとのトータルな幸福（快）を増やすか、それとも減らすかによって、そのうその価値が決まるわけですから、他人や自分を幸せにするうそならついてよい、つくべきだ、となりますからね。

このように、倫理学の視座を持つと、子どもの意見の鋭い部分に対する感性が深まったり、またそれを受けてより深い探求を生み出す応答を考えるさいの指針となったりするわけです。ちなみにこのとき、倫理学（道徳哲学）は、教科道徳の内容の真正さを担保するもの、そこから内容が汲み取られるべきプールという意味で、俗に教科の「親学問」と呼ばれたりします。倫理学というのは、いわば、「よさ」「正しさ」についての人間の知的探求の遺産と言えますが、それを知ることは、目の前の子どもの道徳の探求の質をつかむめあてにもなりますし、またそれを正しくつかむことで教師は、子どもと文化遺産としての道徳（倫理）をつなぐ媒介者となることができます。あるいは、道徳という人類の探求へと子どもをいざない、子どもと一緒に道徳というジャングルを探検する優秀なガイド、と言ってもいいかもしれません。

■社会科学的に読み解く■

ただし、子どもが道徳科の授業で発する声を広く深く受け止めるには、子どもの道徳性発達への理解、道徳や倫理についての概念的習熟に加えて、もう一つ必要だと思います。それが、道徳教材を子どもの生活と関連させながら、なおかつ社会科学的に読み解く力、とわたしが呼ぶものです。

ナナさんは、二〇一八年四月にＮＨＫで放映された、道徳科の特集番組をご存じでしょうか（「クローズアップ現代＋（プラス）〝道徳〟が正式な教科に　密着・先生は？　子どもは？」二〇一八年四月二三日放送）。番組では、道徳科の定番教材「お母さんのせいきゅう書」[10]を使った授業を取材して、道徳科の難しさ、小学校現場の困難を伝えていました。あの教材の一般的な解釈としては、お母さんの無償の愛を子どもたちに気づかせ、感謝の気持ちを起こさせることをねらいとしたもの、というところかと思います。ですが、ある児童が、「お母さんもお金を欲しいと思っている」と意見を出してクラスで浮いてしまう、というのが番組で紹介されました。あれをナナさんはどう思ったでしょうか。

お母さんの無償の愛ではなく、お母さんもお金を欲しいと思っている、と言った子が、いわゆる不道徳な子でないのは明らかですね。彼にとってお母さんはいつも家事を一生懸命やっている人、だから、そんな頑張っているお母さんがお金を欲しいと思っているという彼の解釈は、教材の国語的な読み解きとは別に、彼の生活の目線から言ってごく自然なことですし、そんな自然な読み解きから、自然な道徳の意見（お母さんも報われるべき）が出てくることも、とても自然というか、むしろ彼のしっかりとした道徳的な育ちを示しているように思います。

そうしてみると、やはり課題は、教師の応答の力量、「後の先」のちからだと言えないでしょうか。で、それはどんなちからでしょう？

それは、あの意見を言った子どもの生活を理解する力量だと思います。その力量はもちろん実践的に培われるものだと思いますが、合わせて、たとえば「シャドウワーク（アンペイド・ワーク）」[11]という社会科学的な概念を教師が知っていて、それを活用して子どもと件《くだん》の教材の出会い（「お母さん

(10)「お母さんのせいきゅう書」
「ブラッドレーのせいきゅう書」の翻案で、「道徳の時間」時代からの定番教材。たかしくんはある日、お母さんに、お手伝いの請求書を出してお小遣いを要求した。するとお母さんは、自分がたかしくんにしてあげたこと、たかしくんのためにお金をつかった項目を挙げつつ、代金をゼロ円とした請求書を渡した。この物語を教材に、お母さんやたかしくんの心情を考えさせるというのが、定番授業となっている。

(11) シャドウワーク（アンペイド・ワーク）
家事労働など、賃金の支払われない仕事。しばしばそこには、性別役割分業などジェンダー役割の押しつけや規範の正当化の問題がある。

もお金が欲しいと思っている」）を読み解けるならば、授業の可能性はさらに広がるのではないでしょうか。

実際、先の例でこの概念を教師の側が知っていたら、あの子の生活からにじみ出る洞察が、いかにわたしたちの社会において共通の道徳的、また社会的な課題であるかを瞬時に理解できるでしょうし、ここから授業は大きく飛躍する可能性だってあったように思います。「そうか、そうかもしれないね。確かに、お母さんがおうちでやってるお仕事も、ほかの大人が会社や職場でやってる仕事と同じくらい大事なものだし、まさるとも劣らない値打ちがあるはずだしね」、なんてふうに。

そこから、生活科や社会科につながったり、家庭科の学習が始まったりするなら、まさにそれは、子どもの生活と発達に即した「カリキュラム・マネジメント」、教育学の伝統的な言い方で言えば、「教育課程の自主編成」の可能性だと思います。


えーと、ごめんなさい。

「手紙魔」が本領を発揮してしまったようで、とんでもなく長い手紙になりつつあります。これはやばい。止まらなくなる前にこの辺で。

ともかく、お返事でした。

クジョウ

……………………………

クジョウ先生へ

長い長いお手紙、ありがとうございます。

わたしはお手紙読むのも書くのも好きなので、大丈夫ですよ？　ほんとです。

なんだかまた、クジョウゼミのときのこと思い出しました。先生ってなにかを相談しに行くと、「大丈夫だよ、十分やってるよ」「素晴らしいじゃない、自分で気づいてないだけで」みたいに言って、フォローしてくれるんですよね。でもそのあと絶対、とてもわたしには手に負えなさそうな新しい課題を言い渡すんです。ナナさんならできますよって。

できませんてば（笑）って、いつも思ってました。鬼か！　って（笑）。

……でももう、できませんとは言えないですね、わたしも教師になったんだし。

この前の手紙を書いたときは、少し弱気になってたかもしれません。ちょっと気持ちを立て直してみようと思います。


ジャングル探検のガイドは、簡単ではなさそうですけど、でも面白い比喩だなって思います。それでいったら、教材研究は、探検の下見ってことですかね？　子どもたちがつまずきそうなところ、落ち込みそうな危険区域を、子どもたちが思わず我先に駆け出しそうな、思わず見とれてしまうような、絶景スポットを、あらかじめ自分の足（頭？）で歩いておく。ここでこんな解説しようかな、「右手に見えますのはー」なんて。丁寧に、丁寧に。

教材が未熟であればなおさら、ですね。手づくりの橋を架けておく、こっそりハーケン（手がかり）を打っておく。わたし自身のトレーニングも、もちろん大事。倫理学、社会科学、それを勉強して、子どもたちの自由な声を受け止めるための、大きくて柔らかなクッションを自分のなかにつくっていく。子どもたちの道徳の探求を刺激する、魅力的な発問をつくりだすちからもつけたいです。

状況は相変わらず厳しいですけど、やれることを、やれる分だけやってみます。

それでも気になる評価の話

ただ最後に、もう一つだけ訊いていいですか？　評価のことです。道徳科の評価。

評価って、ただでさえ難しいし、わたしにとっては嫌なものです。生徒たちを値踏みして、序列化して……。教育の仕事のなかで、一番教育らしくない部分じゃないかなって思うんです。

みんな一〇〇点つけられるならいい。でも、やっぱり生徒たちにはできる子、できない子がいる。できない子に「あなたはできてない」っていうことは、必要な場合ももちろんありますけど、それで学習意欲をなくしちゃったら元も子もないです。まして道徳科なんて、なんだか人格否定みたいにならないですか？

それに、たとえば生徒のほうが道徳科でよい成績を取りたいからって、戦略的？に考えだしたりしたら、どうすればいいんでしょう？　自分がどう思うか、考えるか、じゃなくて、教師であるわたしの意図に即しているかどうかで発言しはじめたら、発言の内容がどうあれ、その子はもう道徳的とは言えない気がします。でも、わたしの意図を「忖度」するような生徒は評価を低くする、なんてのも逆におかしいですし……。

これってつまり、テクニカルなことを訊いてるわけじゃないんです。通知表の道徳科評価欄に書くことを念頭につくられた評価文例集みたいなのは、書店にたくさん売ってます。なにも考えずに、そんな市販の文例集やマニュアルに沿ってやってお茶を濁すことも、できないことはない。でも、もう少しスッキリと、道徳科の評価ってどんなものなのか、理想的にはどうあるべきなのかってことは知っておきたいんです。

先生、教えてください。

ナナ

……………………………

拝復　ナナさま

クジョウです。お返事ありがとうございます。お言葉に甘えて、「手紙魔」もう一回だけ参上です。

さて、評価について。

「クジョウ先生は相談に行くとまずフォローする」なんてズバリ見抜かれてしまうと、お返事するのもなかなか難しいのですが（笑）、でもやっぱり、そうなってしまうのですよね。わたしは、ナナさんは、ある意味すでに理想的な評価なるものの手がかりをつかんでいる、もっと言えば、すでにやっているような気がしてならないのです。

■評価とは、教育である■

もうちょっと言うと、ナナさんは、評価といえばテスト、通知表、指導要録といったごく一般的な認識にとらわれて、ご自分がやっている「教育としての評価」に気づいていないんじゃないかと思います。確かにこれらは、子どもたちを序列化したり、できない子の意欲を奪ってしまったりすることもある。子どもを育てること、発達を助けることが教育だとするなら、確かにそれは「教育の営みのなかで一番教育らしくない部分」と言うこともできるかもしれません。

しかしわたしに言わせれば、それは評価という営みのごく一部だけを見ているから、そう感じるのだと思います。教育学の一分野としての「教育評価論」の観点から言えば、ですね。

教育評価論をここで丁寧に論じるわけにはいかないですが、ともかくこのジャンルの蓄積によれば、評価には、診断的、形成的、総括的という三つの機能があります。診断的評価は、指導の前の子どもの状態（既有知識、それまでの学習の達成度、興味関心や生活経験のありようなど）を把握すること。これを基に指導計画を立てます。形成的評価は、簡単に言えば指導の途中で行われる評価です。目標・めあて・意図に照らして学習者がどの段階にあるか、教師の意図したねらいがどの程度達成されているかを見ます。最後の総括的評価は、学習の区切り（単元終了時、学期末、年度末）に、学習の成果を把握するための、いわゆる一般的なテストですね。

そしておそらく、「評価」と聞いて一般的にイメージされるのは総括的評価でしょう。でも少なくともわたしは、教師にとって一番大事なのは、二番目の形成的評価だと思います。これがないと、教師の指導は独りよがりになってしまいかねません。教師が反省的に、子どもの反応に即して授業を進めていくのは教育実践の基本ですが、まさにこの評価は、そんな教育実践の基本を表現したものなわけです。評価が「教育らしくないもの」なんてとんでもない。そしてこの意味での評価は、ナナさんがまさにやっているものでしょう？

これを含めて、わたしは評価というものを次のように考えています。すなわち、評価とは、一方では子ども（学習者）が自身の達成段階を自覚し次のステップに進む手がかりを得るチャンス、そして他方では、教師が自らの指導の適否を振り返る手がかりを得る手段。そうやって、よりよい教育のサイクル（よりよい教えと学びの循環）をつくりだすものこそ、教育の一部としての、教育のための評価、いわゆる「教育評価」です。評価は、それをすることによって子どもが育つ、少なくともその準備となるという意味で、教育なんです。そしてそれは、一人ひとりの子どもの成長・発達に即してつねに指導を工夫しているナナさんがすでにやっていること。

要するに、わたしに言わせれば、評価とは「子ども理解」であり、道徳科の評価とは、「子どもをトータルな人格として深く理解する」ということにほかならないのです。どうやったらもっと子どもの成長・発達をリアルに把握できるかっていう具体的な手法を論じ始めたら果てしないですけど、ともかく、評価という営みの理念・理想という意味で言えば、これに尽きるのではないかな。

■評価を適切に引き絞る■

そしてこの教育評価論の理念と、道徳科の現実を考えたとき、わたしが実践的にさしあたり警戒しなければならないと思っているのは、道徳科の学習指導要領やその解説が言う評価それ自体ではなく、むしろそれを踏み越えて学校現場における道徳科の評価が肥大化していく可能性です。

実際わたしは、学習指導要領（および指導要録）が求めている道徳科の評価の考え方は、意外に抑制的で、（教師の労働強化になるという問題は別途検討されるべきですが）総体的に害の少ないものだと判断しています。以下は、「小学校学習指導要領解説　特別の教科　道徳編」（平成二九年六月）および「中学校学習指導要領解説　特別の教科　道徳編」（平成二九年七月）から、評価の要点を抜き出したものです。

①道徳科の評価とは、児童生徒の個々の成長を促すとともに、教師が自身の指導を振り返り改善する

ためのもの
②数値による評価は行わず、記述式
③他の児童生徒との比較ではなく、学習者個人内の成長の過程を重視する個人内評価
④個々の内容項目ごとではなく、大くくりなまとまりを踏まえた評価
⑤学習活動において児童生徒がより多面的・多角的な見方へと発展しているか、道徳的価値の理解を自分自身との関わりの中で深めているかといった点を重視

まず①は、先にわたしが言ったような教育評価の考え方と重なります。②はよく聞く話ですね。道徳科の評価は他教科と違って評定（数値による評価）ではなく、子どもたちの道徳性発達を文章で記述するものです。さらに③が重要です。ナナさんは評価を「序列化」と表現しましたが、ここではそのような「序列化」、つまり、他者と比べての道徳性発達の値踏みが禁じられています。学校生活や道徳科の学習によって、以前と比べてどのようにその子が育ったかを見る、これが個人内評価です。そしてそれは、個々の内容項目ごとではなく「大くくり」、つまり、総合的な人格の成長として、また細切れに行うのではなく、一定の期間のなかで評価することになります（④）。そのさいの観点になるのが、「学習活動において児童生徒がより多面的・多角的な見方へと発展しているか」「道徳的価値の理解を自分自身との関わりの中で深めているか」（⑤）となるということですね。

どうでしょうか。意外に抑制的で、また明らかに形成的評価を志向していると思いませんか？

もちろん評価という営みは、先にナナさんが言ったように、子どもの学習意欲を奪ったり、逆に「評価されることを目的とした学習」を導く可能性をつねに持っています。ここでまとめた学習指導要領の評価観が、その危険性を完全に払拭するものだとはわたしも思いません。さらに、油断すれば

道徳科の評価は、この評価観をさらに踏み越えて問題化する可能性を持っています。たとえば、文部科学省は道徳科の評価を進学・就職の資料とすることを否定していますが、これがいつ空洞化して、進学や就職試験が「道徳試験」「人格の値踏み」になるかは予断を許しません。

また自治体によっては、道徳科の評価を学期ごとに行うところ、年度末だけのところなどがあるようです。そもそも道徳科の評価は危険性も持っているのであり、また「大くくり」という文科省の方針をそのまま素直に受け止めるという意味でも、評価は年度末だけということでもいいはずです。このことは、教師の業務量を減らすという観点からも、とても重要です。指導要録もさることながら、保護者に渡す通知表に子どもの道徳性について書くのは、かなり大変な仕事でしょうから。

そうしてみれば、無視できない危険性を持つがゆえに建て付けとして抑制的にしてある道徳科の評価が、子どもの道徳性発達を援助するための最低限の「子ども理解」の範囲を超えて、なし崩し的に、子どもの思考や判断、行動の「監視」「値踏み」のように暴力的、強権的なものへと肥大化していかないように、意識し続けるということが重要です。子どもの成長発達に本質的に必要なちょうどその分だけに、評価の営みを引き絞るという努力（ある種の禁欲）が必要です。

もちろん、なにをもって「監視」「値踏み」「肥大化」と言うかは難しいです。しかし、教育をやる以上は、評価はゼロにはならないし、ある意味ゼロになってはいけない。ナナさん、わたしたちは、評価から逃げてはいけないのです。わたしたちは、日本国憲法の精神と、人類が積み上げてきた教育的価値に違背しない節度を持った、子どもをコントロールするのではなく、彼らの道徳性発達を促進するところの評価、「子ども理解」を探求しなければならないということです。

ナナさん、つまりはね……。

さて、往復書簡がどんなふうに展開していくのか、わたし自身も気になるところですが、ここで時間切れになってしまいました。

やりとりはまだしばらく続いたのですが、最終的にナナさんが完全にわたしの主張を受け入れた、というわけではありません。このことは少しだけ強調しておきたい。彼女は教師のプロフェッショナル、わたしは大学の研究者です。実践と理論というのは、どちらかがどちらかにただ追随するのではなく、ある種の緊張感を持って互いに学び合うほうがよいのです。わたしとしては、この緊張感を大事にしたい。そしてせっかくですから、この緊張感を持続させつつ、ナナさんと一緒に授業をつくったり、子どもたちの道徳性発達を真に促進する評価を考案したり、そんなふうにして一緒に「よりマシな道徳科」を創りあげていきたいと思っています。

とはいえ、学校現場は疲弊しきっていて、これからどんなふうになっていくのか、見通しも立ちません。これは、独り教師だけの努力ではどうにもならない。

教育には、お金、時間、人手、手間がかかりますが、それらが学校現場からどんどん奪われています。余裕のない学校現場で、自由でゆったりとした道徳の探求を保障するのは、並大抵ではありません。わたしたちはしばしば、道徳教育が足りない、もっと道徳教育を、と主張しますが、真にそれを望むならば、わたしたちは、子どもを信頼し、教師を信頼し、社会全体の合意として、学校を、教育を支えていく覚悟が必要です。変えるべきは、教育だけではなく、むしろそれ以上に、政治であり、社会である、とも言えます。

教師がまっとうな道徳教育をできる社会になるために。

ACT

2

第　幕

いじめ問題から見る道徳教科の盲点

越川　葉子

1 ヤマナシ先生、モラルネコに会う

家のパソコンの前で今日の講義のことを考えながら原稿の入力作業をしていると、机の上で一匹の猫が体を丸めながらそう言った。私の住まいは集合住宅で、動物を飼うことはできない。だから、もちろん、誰も猫は飼っていない……はずなのだが。

「あなたは何者ですか？」

「私？　私はただのネコですが、あえて名前を言うなら、モラルネコかしら」

「モラルネコ？　変わった名前」

「ネコは変幻自在なのです。あなたが見ている私は、いるのか、いないのか、どうなのかしら」

「……ややこしいネコですね」

ネコの存在を確かめようと、その顎に手を伸ばして撫でてみると、目を細めたネコの顎が私の方にぬっと伸びてきた。

「とにかく、あなたの話し相手だと思ってください。「考え、議論する」ためには、話し相手が必要でしょう」

伸びきった顎を自分の体へと戻しながらネコが言った。

「まあ、そうねえ」

「しばらく私と話してみましょうよ。ネコが話し相手なんて、こんな経験は二度とないですよ。それにね、ネコは人間の世界をよーく見ていますから」

ネコは机の上でシュッと背筋を伸ばした。

■なぜ今、道徳の授業でいじめの問題を扱うのか■

あ、モラルネコに気をとられて自己紹介を忘れていました。はじめまして。私はヤマナシといいます。大学で教員をしています。将来、「先生」を目指している学生に講義をすることが多いのですが、いじめ問題を扱うときには特に頭を悩まされます。いじめは学生にとって身近な問題ですし、いじめられてきた経験のある学生もいます。学生は自分の経験と講義の内容をどう重ねているのだろうか。そんなことを考えずにはいられません。

いじめが教育の問題として社会の関心を集め、新聞・テレビ等のメディア報道で大きく取り上げられるようになって、三〇年が経つと言われています。いじめ問題は現代の日本社会で一つの歴史を形成しています。二〇一三年には「いじめ防止対策推進法」[1]といった法律まで成立しました。いまや、いじめは不登校や少年非行など子どもに関わるさまざまな問題の要因になりうるものと考えられています。いじめはあってはならないとの認識が浸透すればするほど、ありとあらゆる問題といじめとの関連性が指摘され、いじめ問題はますます混迷を深めているというのが私の実感です。

そして、いじめ問題は、道徳が教科化されるさいに重要な役割を果たしました。今日の講義でも学生とこんなやりとりがありました。

「二〇一八年の四月から、道徳が「特別の教科」になったことを知っていますか」

---

(1)「いじめ防止対策推進法」は二〇一三年六月二八日に公布、同年九月二八日に施行された。二〇一九年現在、改正に向けた議論が進められている。

「私たちのときも道徳の時間、ありましたよ」

「『心のノート』でしょう?」

「わかりきったことやるやつでしょ?」

「『心のノート』は教科書ではないんですよ」

「教科書じゃないの? じゃあ、あれは何なの?」


道徳の教科化に関する議論は今に始まったことではなく、そこには長い歴史があります。しかし、道徳の教科化の実現に向けて議論を加速させたのは、二〇一二年に社会問題化した大津いじめ自殺事件でした。そして、「もう二度と悲劇的ないじめを繰り返してはいけない」とのかけ声のもと、道徳の教科書には、いじめについて考え議論するための教材が盛り込まれました。しかし、今まさに友人関係で悩みを抱えているかもしれない子どもたちを前に、いじめをテーマにした授業をすることなどできるのでしょうか。改めて、いじめという言葉が道徳の授業でどのように扱われているのかを考えてみることが必要なのだと思います。

人間の認識がいじめを生む?

こんなことを考えていたら、モラルネコが私の目の前に現れたのでした。モラルネコは相変わらず私の机の上に格好よく座っています。

「モラルネコさん、しばらく話してみましょう」

「うむ」

「まずは私から質問。ネコの世界に「いじめ」ってあるのかしら?」

「……いじめとは、なんですか？」

ネコは目を見開いて言った。そういえば、モラルネコはさっきも同じ質問を私にしてきたのだった。

私はあわてて「いじめ防止対策推進法」とネットで検索して、第二条の「定義」を読み上げた。


「この法律において「いじめ」とは、児童等に対して、当該児童等が在籍する学校に在籍している等当該児童等と一定の人的関係にある他の児童等が行う心理的又は物理的な影響を与える行為（インターネットを通じて行われるものを含む。）であって、当該行為の対象となった児童等が心身の苦痛を感じているものをいう。」


「これが現在の日本社会でいう、いじめの定義ね。大ざっぱに言うと、学校に通っている子どもたちが、学校の友だちや部活の仲間と関わり合うなかで、一方の子どもが心や身体に何らかの苦痛を感じていることを、人間の世界では「いじめ」と言っている」

「ふむ。私も縄張り争いで相手に怪我を負わせることはありますけどね。ああ、縄張り争いに負けるのは、たいそう辛いことなのですよ。自分の力が及ばない世界がまだまだあるのだという現実を突きつけられる瞬間ですから」

「モラルネコさんは、縄張り争いに負けて、自分の太刀打ちできない世界があるって知るわけね？そのとき、苦しくて辛くて仕方がないと思わないの？」

「負けた直後は心身ともにボロボロということはありますよ。しかし、傷が癒えれば、また街を歩いて次の機会をうかがいますな。街並みも時間とともに変わるし、猫たちの関係も変わる。だから、これまでの縄張りに緩みが生まれて、相手の領域に入ることが許される瞬間があるのですよ」

「へー、そうなんだ」

「それで、そのいじめがどうしたのですか」

「ああ、そうだった。この定義が重視しているのは、学校の人間関係のなかで心身の苦痛を感じている子どもがいるかどうかという点なのよ。子どもたちの力関係とか、嫌がらせや暴力が継続的に行われているかどうかに関係なく、子どもが苦痛を感じているかどうかに判断の足場を置いている点に特徴があってね。いじめの判断の主体が学校にあった時期もあったけど、日本の学校ではいじめに苦しむ子どもがたくさんいて、不登校になってしまったり、友だちから受けた仕打ちや苦しみを書き綴った遺書を残して自ら命を絶つ子が後を絶たなかった。もしも、学校の先生がいじめに少しでも早く気づいて適切な対応をしていれば、いじめに苦しむ子どもたちを救うことができたのではないか。なぜ、先生は子どものSOSに気がつかなかったのか。いじめを見て見ぬふりをしてきたのではないか。そうやって先生は、社会から厳しい非難を受けるようになっていった。だから、子どもが苦しみを感じているならば、先生はその子の苦しみの背景にいじめがあると判断して、早急に対応をとるべきだという考え方が主流になっていった」

「いじめとは、そんなに見つけることが難しいのですか？　ネズミならば、すぐに見つけられますよ」

「いじめは、子どもたちの人間関係のあり方を表した言葉だからね。ネズミのように、「ここにいた！」って飛びつくことのできる対象ではないのよ。言うなれば、いじめは実体を表した言葉ではない。これを言うと反論が巻き起きるのだけど」

「しかしですよ、少し前に戻ってください。さっき、あなたは「ネコの世界にいじめはあるか」と私に訊きましたよね？　実体じゃないとしたら、どうやって「ある」とか「ない」とか答えられるのですか？」

「いじめは、子どもの人間関係をどう見るのかという私たちの認識のあり方が生み出した言葉だと言ったらいいかな。あなたがいじめを知らないとしたら、それはネコがお互いの間で起きていることを対象化するときに、いじめという言葉で認識していないということなのよ」

「だとしたら、ネコの世界にはいじめはない、ということですな」

「でも、人間の世界は違う。大人も子どももいじめという言葉を使って、自分や身の回りの人たちの間で起きているトラブルを言い表すことが当たり前になっている。しかも、いじめと聞いただけで、何かとても大変な状況が子どもたちの間で起きているのではないかと想像できてしまう。もっと言えば、何か手立てを打たなければ、子どもが自殺することまで連想させてしまう」

「ほう」

「だから、人によっては、いじめという言葉を使うことに慎重になる場合もある。でも、そうすると今度は何をいじめと呼ぶのか、言葉の使い手によって判断が異なるという問題を抱えることになる。「それはケンカでしょ？」って言う人もいる。それで、文部科学省は考えたの。これでは、いつまで経っても先生たちが同じ認識を持っていじめに対応できない、いじめはなくならない、とね。だから、文部科学省は、いじめの定義をこれまでに四回、変えてきた。先生たちの認識のズレを解消し、いじめの早期発見・早期対応につなげていくためにね」

「文部科学省は、定義を頼りにいじめを捕まえようとしているのですな」

「子どもたちの間で何かトラブルが起きて、それがいじめかどうかをいじめの定義に照らし合わせて判断しようとする。子どもたちの間で起きていることをいじめの定義と比較するから、ますますいじめは「定義が示すもの」としてあるように感じられてしまう。いじめがあたかも実体として存在しているかのような感覚を強めていく。「いじめ防止対策推進法」の制定以降もいじめの認知件数は上昇しているけれど、それはいじめが増え続けているからとか、いじめが発見されやすくなったからというよりも、いじめという言葉であらゆるトラブルをとらえようとした結果であるように思うの。このままだと、いじめは、子どもたちの間で生じる人間関係上のもつれを呑み込むブラックホールへと成長していく恐れがある」

「ブラックホール?」

「『猫の事務所』は知ってる?」

「おお!『猫の事務所』。宮沢賢治の作品ですな」

「その『猫の事務所』は、いじめを考えるための副教材になっているのよ」

「なんと! ネコの世界にいじめはないはずですが……」

「作品のネコたちの姿を通して、人間の世界のいじめが描かれた作品だと私たちが読み替えているのだと思う。それほどまでに私たち人間は、この世界で起きているありとあらゆる現象をいじめという言葉で認識する力を身につけてしまったのよ」

「だとすると、人間の世界はいじめで溢れているということになりますなあ」

「そこへもってきて、道徳の授業でいじめを扱うということは、いじめの存在を神格化することになる。教科書はいわば聖書ね。教科書に描かれたいじめ像を誰もが受け入れないといけない。いじめの存在を問うことも許されない」

「おお、道徳の教科書は、いじめの存在を信じるかどうかの踏み絵の役割を果たしているのですな」

「繰り返しになるけど、いじめという言葉で私たちがとらえようとしているのは、子どもの間で生じている人間関係上のトラブルなのよ。もちろん、人間関係上のトラブルといっても、そこには複雑な状況がある。だけど、いじめという言葉を使った瞬間、定義に依拠した状況の理解が優先されてしまう。友だち関係で辛い思いをしている子どもへの配慮は必要だけど、他の子どもたちの思いを汲み取る視点や子ども同士のわかりあえなさへの想像が定義からは抜け落ちている。何気ない言葉で友だちを傷つけてしまって落ち込むことだってある。自分が友だちを傷つけていることにそもそも気づいていないことだってある。自分が想像もしていない受け取り方をする他者がいることを知ることは、子どもにとって大事な経験のはずなのに、いじめに関しては子どもの間で認識の違いがあることが、ダメなことだとされてしまう」

「これは難題ですな」

そう言ってモラルネコは体を前方に伸ばした。と、次の瞬間、私の膝の上で体を縮こめていた。そして、不規則に揺れる尻尾を体に収めて目を閉じた。

2 いじめを教科書で扱うことの困難と限界

■ 文部科学大臣からのメッセージ ■

昨日、モラルネコが突然、私の家にやってきました。今日はまだ姿を見かけていません。さて、とにかく、私は来週の授業の準備をしないといけません。授業では、道徳の教科化を受けて文部科学大臣が発信したメッセージを紹介しようと考えています。インターネットの検索サイトに「文部科学大臣　いじめ」と入力すると、次のサイトがヒットするはずです。

いじめに正面から向き合う「考え、議論する道徳」への転換に向けて（文部科学大臣メッセージ）について（平成28年11月18日）

（「考え、議論する道徳」への転換）

道徳の特別の教科化の大きなきっかけは、いじめに関する痛ましい事案でした。

これまでも道徳教育はいじめの防止に関して大きな役割を負っていました。しかし、これまでの道徳教育は、読み物の登場人物の気持ちを読み取ることで終わってしまっていたり、「いじめは許されない」ということを児童生徒に言わせたり書かせたりするだけの授業になりがちと言われてきました。現実のいじめの問題に対応できる資質・能力を育むためには、「あなたならどうするか」を真正面から問い、自分自身のこととして、多面的・多角的に考え、議論していく「考え、議論する道徳」へと転換することが求められています。

このため、道徳の授業を行う先生方には、是非、道徳の授業の中で、いじめに関する具体的な事例を取り上げて、児童生徒が考え、議論するような授業を積極的に行っていただきたいと思います。

いじめやいじめにつながる具体的な問題場面について、例えば、

- どのようなことが、いじめになるのか。
- なぜ、いじめが起きるのか。
- なぜ、いじめはしてはいけないのか。
- なぜ、いじめはいけないと分かっていても、止められなかったりするのか。
- どうやって、いじめを防ぐこと、解決することができるのか。

・いじめにより生じた結果について、どのような責任を負わなくてはならないのか。
といったことについて、自分のこととして考え、議論して学ぶことが大切であると考えます。こうした学びは、いじめという問題だけではなく、道徳教育の目標である「自己の生き方を考え、主体的な判断の下に行動し、自立した人間として他者と共によりよく生きるための基盤となる道徳性を養う」ことそのものにつながるものであると思います。
　こうした取組は、道徳の特別の教科化の全面実施を待たずにできることです。学校や児童生徒の実態を踏まえつつ、できるところから、いじめに関して考え、議論する授業を積極的に展開していただきたいと思います。

はじめて見ましたか？　もう三年も前のメッセージですからね。でも、このメッセージには、道徳の授業でいじめを扱う目的といじめ問題に対する国の姿勢が凝集されています。

まず、文部科学大臣は、このメッセージを通して、いじめの防止対策の要として道徳の授業を明確に位置づけています。そして、物語の登場人物の気持ちを解釈したり、「いじめは許されない」といったいじめに対する態度を確認し合うだけでは不十分だとする見解を表明しています。こうした従来の道徳教育の問題点を克服し、いじめ防止をより効果的に実現するためにも、道徳の授業では「いじめに関する具体的な事例を取り上げて」、「どのようなことが、いじめになるのか」、「なぜ、いじめが起きるのか」、「なぜ、いじめはしてはいけないのか」といった問いについて、児童生徒が「考え、議論する」授業を目指してほしいといいます。

　いじめに関する具体的な事例を取り上げて「なぜ？」と問う。いかにも哲学的な問いを発しているようにも聞こえます。しかし、これらの問いは、子どもたちの知的好奇心や疑問から出てきた問いではありません。文部科学大臣が、何を念頭にこれらの問いを子どもたちに投げかけるよう教師に提案しているのかを注視する必要があります。

たとえば、廣済堂あかつきの『中学生の道徳　自分を見つめる1』に掲載されている「してもよい「いじめ」などない」(四一頁)では、小中学生に行ったアンケート結果をもとに、小中学生の多くが「どんな理由があってもいじめはいけない」と考えていると紹介しています。そして、「いじめは卑劣な行為です。してもよい「いじめ」などありません」と、強い語り口でいじめを断罪しています。

このように、いじめの問題を扱った教材に関しては、明確に「いじめ＝悪」との価値観がすでに示されてさえいます。これでは、もはや「考え、議論する」余地はないと言わざるをえません。たとえ、授業が「考え、議論する」形式へと変わっていったとしても、「いじめは許されない」、「いじめはあってはならない」、「いじめをしてはならない」との価値観が授業を通底していることに変わりはないのです。ですから、文部科学大臣が発している問いを、子どもたちの思考を深めるための問いと素朴に受け取ること自体が、道徳の教科書に埋め込まれた価値観を追認することになります。いわば、道徳の授業は、いじめの問題を介して、文部科学省が「正しい」と判断する態度や思考を子どもたちに強要する授業へと一気に転落する危険性があるのです。

矛盾を抱える教科書

道徳の授業でいじめの問題を扱うことの問題性は、これだけにとどまりません。

先の文部科学大臣からのメッセージには、「現実のいじめの問題に対応できる資質・能力を育むためには、「あなたならどうするか」を真正面から問い、自分自身のこととして、多面的・多角的に考え、議論していく「考え、議論する道徳」へと転換することが求められています」とあります。では、実際の教科書には、どのような物語が掲載されているのでしょうか。中学生用の道徳の教科書を見ていくと、ある共通点があることに気がつきます。

光村図書の『中学道徳1　きみがいちばんひかるとき』の「いじめが生まれるとき」（六四－六五頁）を見てみましょう。Aさんの体操着袋を投げ合っている同級生二人（ともに男子生徒）と、その様子を目にして何も言えないBさん（女子生徒）が描かれています。Bさんは、Aさんが本当は嫌がっているのではないかと思っています。しかし、Bさんは、この状況に何も言わないし、何かをすることもありません。Aさんも周囲に意思表示をすることはありません。そして、もしもこのような状況に出遭ったら「あなたはどんなふうに感じるだろうか」、「悪ふざけをしている人たちに直接注意する以外に、どんなことができるだろう」といった問いが投げかけられます。

「あなたならどうするか」。教科書会社を超えて繰り返し登場する問いです。この問いのねらいは、中学生が当事者意識を持っていじめの問題を考えることにあります。しかし、教科書の物語を通していじめの当事者意識を持たせようとする発想は、「考え、議論する道徳」との間に大きな矛盾を抱え込むことになります。

第一に、「いじめとは何か」を考える以前に、教科書が取り上げた場面をいじめと見るよう方向づけしているという矛盾です。このような読みの方向づけは、「いじめが生まれるとき」というタイトルに端的に現れています。このタイトルは、生徒同士の関係性を断片的に切り取った一場面を示して、「ここにいじめ（の芽）を見よ」と誘導しています。つまり、当該場面を読み手がどう解釈するか、その方向性がすでに示されているのです。

それにもかかわらず、「あなたならどうするか」を問う。これが第二の矛盾です。「ここにいじめ（の芽）を見よ」との指針が示され、さらに「このいじめの当事者となって、自分ならどうするかを考えよ」と言われているのです。「いじめ＝悪」とする認識が通底している教科書を前に、「あなたならどうするか」と問われて、中学生にどのような議論の余地が残されているのでしょうか。すでに議論の方向性は決まっていると思えてなりません。

東京書籍の『新しい道徳1』の「いじめのない世界へ(1)」（二四－二六頁）には、こうした矛盾が凝縮されています。「いじめに当たるのはどれだろう」との見出しのもと、友だちに消しゴムを投げつける子ども、その様子を笑っている子ども、じっと見ている子ども……見開きページに描かれた教室のなかには、いたるところでさまざまないたずらや嫌がらせが展開しています。このような構図は、いじめとは、いじめる子ども、いじめられる子ども、傍観者、観衆からなるという「いじめの4層構造」（森田洋司・清永賢二『いじめ――教室の病』金子書房、一九八六年）が下敷きとなっています。教室のなかの子どもたちは、この四つの分類のいずれかに該当するように描かれています。つまり、「ここに描かれているのは、すべていじめ」であり、「いじめの当事者でない人は誰もいない」のです。「いじめにあたるのはどれだろう」との問いが、いかに空虚な問いであるかを痛感します。

そして、「いじめのない世界」を目指して話し合う。ここに描かれていることがいじめならば、子どもたちは、何の気なしにやってしまった、ささいないたずらや嫌がらせも認めない世界を生きなければならなくなります。不用意に、そして不器用に友だちと関わることもできなくなるでしょう。念のために言うと、友だちが嫌がることをしてよいと言っているわけではありません。そうではなくて、いじめの「4層構造」で子どもたちの世界を切り取ることのほうが、むしろ子どもたちの間で起きている出来事を単純化しているのではないかということです。「4層構造」とは、子どもたちの人間関係を理解するために発明された解釈枠組みの一つのパターンです。子どもたちは、自分たちの人間関係を「4層構造」のように図式化して認識しているわけではありません。

教科書は、いじめの定義やいじめの「4層構造」に該当するわかりやすい場面や断片的な人間関係を取り上げる傾向にあります。そして、「あなたならどうするか」を問う。子どもたちの間には複雑な人間関係や微妙な力関係があるとわかっていて、「あなたならどうするか」と問いかけることの矛盾を誰よりも感じているのは先生なのかもしれません。

3 学生はいじめをどう認識しているか

いじめありきの議論への疑問

「教科書がどうしたのですか?」

次の講義で話す内容が固まったと思ったら、モラルネコが再び現れた。モラルネコは、ひょいっと私の机の上に飛び上がって目の前に座った。

「なぜ、その話を知っているの?」

「まあ、細かいことはいいではないですか」

「まあ、いいか」

私はモラルネコに中学校の道徳の教科書を開いて見せた。

「「卒業文集最後の二行」[2]という教材があるの。この教材の冒頭部分には、「あなたの身近に、いじめ

(2)「卒業文集最後の二行」は『私たちの道徳』で採用されていた物語である。複数の教科書会社が、中学の道徳の教科書にも継続して掲載している。

はありますか」との問いかけが出てくる」

「私の身近にいじめはないですよ」

「うん。ネコの世界にはね。でも学校の授業でこう先生に訊かれたら、子どもたちは「私の身近にいじめはありません！」とは言えないのよ。「いじめはない」と言えば、「どんなことがいじめになるか考えてみよう」となるし、「いじめはある」と言えば、「なぜいじめが起きるか考えてみよう」や「どうしたらいじめがなくなるかを考えよう」になる。いずれにせよ、いじめが「ある」ことを前提にした議論から逃れようのない質問なのよ！　子どもがたとえ「いじめなんて意識したことないよ」と思っていても、その感覚のほうに問題があるのではないか、だからいじめはなくならないんだ、との価値判断を頼りに授業が展開するようになっているのよ！」

「おお、ずいぶんと息巻いていますね」

「文部科学省は「考え、議論する道徳」とスローガンを掲げているけど、議論の方向性は決まっているように思えるのよ。でね、道徳の授業でいじめを扱うことについて学生にね、訊いてみたのよ」

「学生とは大学生ですか」

「現役大学生。そう遠くない昔に小学生や中学生だった学生は、道徳の授業でいじめをテーマにクラスで話し合いをすることをどう思うのか、訊いてみたの」

■「いじめの基準がわからない」■

私はパソコンから一つのファイルを開いた。学生に話を聞いた録音データを文字起こししたものだ。(3)

ヤマナシ　物語の導入部分で、「あなたの身の回りにいじめはありますか」って問いかけが出ているよね。この問いかけを読んで、どう思うんだろう？

リリィ　「ないよね〜」って言って、終わりそうだよね。

ローズ　自分がやっていることを、いじめとは思わないと思う。小学生は遊びの一つ。

リリィ　いじめられている子も、「これはいじめじゃない」って思い込んでそう。

ローズ　自分がいじめを受けていたら、いじめってわかるけど、いじめをする側って、ただ単に遊びの延長線でやっている。グループで一人はぶきたい子がいるからとか。それは別に、いじめとは思わないで、はぶくためにやっている。そういうことすれば、自分たちにくっついてこなくなる。そういう感じかな。だから、正直言って、いじめの基準がわからない。どっからがいじめで、どこからがいじめじゃないのかがわからない。

リリィ　いじめられた人がいじめと言ったら、いじめとかね。

小梅　その基準はあるよね。

「いじめの基準がわからないって言ってますな」

「この会話を文部科学大臣が聞いたら、どんな反応をするかしらね。いじめに対する学生の感度の鈍さを嘆くかな。大学生が「いじめの基準がわからないと言っている！　だからこそ、道徳の授業で何がいじめになるのかを小・中学生のときから考える必要があるのだ！」と自信を深めるかもしれないわね。確かに、彼らのこうした語りをもって、いじめの理解が不十分であると指摘することはたやすいと思う。でも、かつて小・中学生だった現役大学生が「自分のやっていることをいじめとは思わな

（3）インタビューの発話者については匿名性を考慮して、すべて仮名とした。

い」、「いじめの基準がわからない」と語っているって、大事なことだと思うの。彼らが小・中学生のときに、自分たちの行為をいじめと認識してこなかったとすれば、子どもたちがいじめという言葉で身近な人間関係を語ることに、そもそも困難があると考えるほうが自然なのではないかしら」

いじめられた側の主張

「なるほど。で、他の意見はないのですか?」

モラルネコが鋭いツッコミで反応した。

「インタビューに応じてくれた学生のなかで、唯一、自分は「いじめられてきた人間だ」と話していた学生がいたわ」

「その意見も聞かせてもらえますかな」

「あやめという学生の意見なんだけど……」

あやめ　さっきから、みんなの話を聞いていると、いじめをしている側の意見だなと思った。私とは何もかもが違いすぎるなって思った。

ローズ　何もかも違う?

あやめ　うん。みんな根本的に「いじめしちゃいけないよね」って言っているけど、「いじめている側は別に悪くないよね」になっているんじゃないかな。「わかんないからしょうがないよね」の部分が、みんなにはあるように思うの。小さいから、わからないから、それがいじめだとわかってないから、「いじめをしている子自体は悪くないよね」っていうのが、みんな根本にあるっていうことをすごく感じて。私はそうは思わないから。

ヤマナシ　それはあやめさん自身が……

あやめ　私はずーっといじめられてきた人間だから。いじめをしている相手に、なんでいじめをするのって訊いたら、「だって楽しいから」って言われたこともあって。

ヤマナシ　それはいつの話？

あやめ　小学生のとき。いいじゃん、みんなで遊んでいるからっていう感覚なの。それがストレス発散方法というわけじゃなくて、みんな純粋に楽しいからやっている。いじめを受けている人間っていうのは、生贄《いけにえ》なんだと思う。クラスの人間が仲良くしていくために、クラスのなかで気に入らない人をみんなで追いやることで、クラスの一体感を生み出そうとしているんじゃないかな。クラスで団結して何かをやりましょうってなったときに、そっちのほうが楽なんだと思う。

ヤマナシ　集団をつくるときには、ここまでが一つのまとまりですよと境界線を明確にするためにも、そこから外れる人をつくり出す。それは、学級に限らず、社会を維持していくための根本的な仕組みではあるんだ。

あやめ　そう。だから、いじめはなくならないよ。いじめられている人をそこから抜いたら、どうにかなるのかといったら、どうにもならない。また新しくいじめられる人が増えるだけなんじゃないかな。

ヤマナシ　問題は、多くの人が、自分がしていることをいじめと認識して誰かを排除しようとしているわけではない、そう思っていることにあるのではないかな。

あやめ　それは確かにそうだと思うけど、自分の領域から誰かを排除しようっていう気はあるわけじゃない。だから、排除することをやめようって言っても無理だと思うの。

「あやめは、他の学生が「いじめはよくない」と言いつつも、「いじめている側はいじめと認識していないのだから仕方がない」と自分たちの行為を正当化していると言っている。自分は、クラスのみんなが仲良くするための生贄としていじめられていたとも。クラスの一体感を生み出すためには、誰かを排除したほうが楽で、だから、誰かを排除しようとする動きはなくならない。排除することをやめることは無理で、いじめはなくならないとさえ言っているわ。あやめは、誰かを排除することで集団の凝集性を高めようとする人間社会の原理を言いえているわね」

「ほほー。では、あやめの話を私はどう受け止めたらよいのでしょうか」

「いっそのこと、「いじめはなくならない」と認めてしまうってことかな。でもね、「いじめはなくならない」を出発点にすることは、いじめをなくすこと、いじめを許さないことを前提とする道徳の授業では想定されていないのよ。道徳の授業を行う以上、「いじめはなくならない」と語ること自体が許されていないからね」

「しかし、いじめはあってはいけないことだと語気を強めれば強めるほど、子どもたちは自分が受けてきた経験を「あってはならないもの」ととらえて、ますます何も言わなくなってしまうのではないですか？　道徳の授業でいじめを扱うことが裏目に出るのでは？　私にはそんな気がしますがね」

いじめを議論する大人の無責任さ

「だいたいね、「いじめをなくそう」、「いじめはやめよう」と言ったところで、では実際に何をなくしたらよいのか、何をやめたらよいのか誰もわからないのよ。結局、「いじめをなくそう」ということは、「いけないことをするのはやめよう」と言っているにすぎない。だからこそ、何がいじめに該当するのか、その「何が」の部分を道徳の授業で子どもたちが考え、議論していくことが必要なのだ、というのが国の考えなのだけどね」

「しかし、あなたたち自身が「何が」の部分を明確に持ち合わせていないのに、小学生や中学生に「何が」を探させるというのは、いささか無責任ではないですか」

「学生は、大人の無責任さを見抜いていたわ」

「というと?」

「これを見て」

小梅　いじめっていうのを特別視しすぎて、それだけが浮いているような気がする。

さくら　社会的に気にしすぎっていうのはあると思う。ドラマやったりとかさ。逆になんか、いじめっていうワードが身近になりすぎたっていうのはあるかもしれない。調べたらいっぱい出てくるし、同じような人たちもSNSでつながれるし。

小梅　カテゴリーとして分けられちゃったようなイメージがある。いじめを特別視しているから、それまでの過程とか判断が難しいって話になるじゃない。それを判断する、しないっていうのも、まず、どうなのかなって思うし。いじめっていう言葉があるからこそ、そこに基準をつけなきゃいけないってなっているように思う。どこからがいじめなのかというのも、今こうやってみんなで話をしていても、わからない感じになっているのに、いじめというカテゴリーというか、枠組みだけができていて、どうなのかなって思う。

ローズ　実際に自殺しちゃう子もいるから、そういうのがあると、いじめだ、となるよね。自殺してしまうと、それはもう、いじめです、みたいな感じじゃん。なんでも。もしかしたら他の原因もあるかもしれないのに、全部それをいじめのせいにして。マスコミの人もニュースの仕方とかも、そこから考えたらどうなんだろう。

すみれ　いじめって言えば、盛り上がるからね。

小梅　偏見もあるよね。

ローズ　だから、ますますややこしくなっていく。面白いし、ネタにもなるから。自殺してしまった子を、何があっても、いじめのせいというのは違うかなと思う。

さくら　自殺もニュースにしすぎないでほしいなって思う。お手本になっちゃっているように思う。成功例っていうか、ちゃんと学校や親に相談して、いじめがなくなったよっていう成功例は、報道もされないじゃない。そういうことが大きく社会に出てこないじゃない。それが逆に、いっぱい大きく広がってくれれば、いじめがなくなるわけじゃないけど、自殺まではいかないんじゃないかな。相談したけど自殺しちゃったってニュースでバンバン言うのは、いじめられている子からしたら、学校はきっと何もしてくれないんだっていう、余計にこうさ、追いつめられている感じじゃないかなって。

「小梅は、いじめという言葉が日本社会で独特の地位を確立してしまったのではないか、そのことが問題なのではないかと言っているわね。ケンカ、無視、仲間はずれ……子ども同士の諍いを表すカテゴリーはさまざまにあるけど、それらとは一線を画すカテゴリーとしていじめという言葉は存在している。でも、いじめとは何なのか？　と問われると、多くの人が答えに困ってしまう。いじめという言葉で不特定多数の人がつながることができるにもかかわらずね。これがいじめという言葉の厄介なところね」

「小梅は、「いじめっていう言葉があるからこそ、そこに基準をつけなきゃいけないってなっているように思う」と言っていますね。文部科学省の定義は、基準をつけるためにあるのではないですか?」

「そうね。基準を与えようとして、基準に合うものを探し出そうとしている。文部科学省の定義に従えば、いじめとは、いじめられた側の辛く、苦しい経験とほぼ同義になる。でも、同じ出来事を経験していても、子どもたちの認識に差があることは、学生のインタビューからも明らかなのよ」

「ふむ。だとしたら、子どもたちはいじめを道徳で扱うことに対して、どう思っているのでしょうか。あやめのようにいじめられた経験のある子どもたちが、道徳の授業で自分の経験を語ることはできるのでしょうか」

モラルネコは机の上から降りると、ベランダに向かって歩いていった。モラルネコの指摘は鋭さを増す一方だ。私はモラルネコの背中を横目に授業準備を進めた。

4 道徳の授業が招く誤解

「わたしのせいじゃない」がいじめを描いた作品になるとき

「あやめのようにいじめられた経験のある子どもたちが、道徳の授業で自分の経験を語ることはできるのか」。私はこの数日間、モラルネコの問いかけに、頭を悩ませています。

ふと道徳の教科書を眺めていると、教育出版の『とびだそう未来へ　中学道徳2』のなかに、「わたしのせいじゃない」を見つけました。この作品は、道徳が教科化される以前から、いじめの問題を扱う教材として活用されています。教育出版の教科書では、「公正」について考える教材に位置づけられています。短い物語なので全文を紹介します。なお、網掛け部分は、教科書では削除されている箇所になります。

学校のやすみじかんに　あったことだけど　わたしのせいじゃないわ
はじまったときのこと　みていないから　どうしてそうなったのか　ぼくはしらない
ほんとうは　わたし　みたの　だから　しっているの　でも　とにかく　わたしのせいじゃないのよ
ぼくはこわかった　なにもできなかった　みているだけだった
おおぜいでやってたのよ　ひとりではとめられなかった　わたしのせいじゃないわ
おおぜいでたたいた　みんなたたいた　ぼくもたたいた　でも　ほんのすこしだけだよ
はじめたのは　わたしじゃない　ほかのみんなが　たたきはじめたのよ　わたしのせいじゃないわ
自分のせいじゃないか　その子が　かわってるんだ　ほかの子はみんな　ふつうなのに
考えることがちがうんだ　ぜんぜんおもしろくないんだ　自分のせいだよ
その子は　ひとりぼっちで立っている　おまけに目をとろんとさせて　泣いているんだ
泣いている男の子なんて　さいていよ　おもしろくない子なのよ
先生に　いいつければいいのに　よわむしなのよ　わたしには　かんけいないわ
そんなことがなかったら　その子のこと　ほとんどわすれていたわ　なにもいわないんだもの
ひとことも　しゃべらなかった　ぼくたちを　みつめていただけだった　さけべばいいのに
たたいても　わたしは　へいきだった　みんな　たたいたんだもの　わたしのせいじゃないわ
わたしのせいじゃない？

（レイフ・クリスチャンソン文、にもんじまさあき訳、ディック・ステンベリ絵『わたしのせいじゃない――せきにんについて』岩崎書店、一九九六年）

『わたしのせいじゃない』は、スウェーデンで社会科の教師をしていたレイフ・クリスチャンソン氏が執筆したシリーズの一つです。訳者のにもんじまさあき氏の「あとがき」によると、本書を含むシリーズの背景には、「スウェーデンの学校で行われている『オリエンテーリング科』という教科」があり、「人間の生き方を模索しながら、同時に社会のさまざまな問題にも目を向け、友情、孤独、幸福といった人間関係の大切なテーマが扱われてい」るといいます。(4) つまり、レイフ・クリスチャンソン氏は、いじめの問題を念頭にこの物語を書いたわけではありません。いじめを描いた物語だと読み替えているのは、私たち日本の社会なのです。

しかし、教科書は「学びの道しるべ」で、この物語をクラスのなかで起きた出来事として解釈し、自分がクラスの一員だったらどうするかを考えるよう導いています。場面の解釈をクラスで起きた出来事に限定することで、読み手である中学生に当事者としてこの物語を読ませようとする意図が透けて見えます。

この意図は、教科書に掲載された写真からも読み取れます。原作では、「わたしのせいじゃない？」との最後の一文の後に、原爆のキノコ雲や傷ついた子どもを抱きかかえる兵士、油まみれになった鳥、誇らしげに銃と弾薬を身につけた笑顔の子どもといった写真が掲載されています。どれも戦争や歴史的な出来事を映し出した写真です。一方、教科書には、「この子たちの現状は「わたしのせいじゃな

(4) 訳者のにもんじまさあき氏は、この絵本には「いじめの状況と、その責任のなすりあいが描かれ」と述べている。訳者もまた、この絵本に「いじめ」を見出しているが、そのような読みにとどめてしまうことに疑問を感じる。

い？」」との見出しに続いて、鋭い目で銃を構える子ども、うつむき加減で働く少女、栄養失調の子どもの写真が掲載されています。いずれも「子ども」の姿をメインにした写真です。中学生が写真の子どもたちの現状を自分事として考えるために、教科書はあえて「子ども」の写真を選択したと考えられます。

しかし、同じ「子ども」だからという理由で、「この子たちの現状は「わたしのせいじゃない？」」と中学生に問いかけることは、あまりに安易ではないでしょうか。確かに、日本の生活は、写真の子どもたちが暮らす国や地域からさまざまな資源を搾取して成り立っていることが考えられます。その意味で、日本の中学生も写真の子どもたちの現状に間接的に関与している、と言うことはできます。あるいは、こうした子どもたちの現状を知りながら、何もしないでいることこそが問題なのであって、だから自分たちにできることを探そうと提案することもできます。

日本から遠く離れた国や地域で暮らす子どもたちの現状であっても、決して他人事とせず、自分事として引き受け、自分にできることを考える。こうした発想は、正義感や善意に溢れたものとして道徳の授業では歓迎されることでしょう。しかし、写真の子どもたちと日本の中学生とでは、生活も文化も、それらを下支えする社会システムもまったく異なります。その点を度外視して議論しても、日本の子どもの主観的な判断に依拠した論点しか出てこない恐れがあります。子どもを自分の主観的な世界に閉じ込めないためには、目の前にはいない他者が生きる社会の成り立ちや、その社会の仕組みをつくる政治のあり方に疑問を投げかける議論が必要になると思うのです。

豊かな物語は、読み手の立場や背景、生きる時代を超えて、多様な角度から物語を味わうことを可能にしてくれます。『わたしのせいじゃない』も、学校の問題にとどまらない問題――集団の意思決定における個人の主体性や尊厳の問題――を投げかけた作品として読むことができます。他の人がやっているからという理由で自分の行いを正当化する論理は、集団の意思決定に従って行動する人間の性《さが》を描いています。また、「せきにんについて」という原作の副題に着目すると、この作品が「責任」について問いかけている点も見えてきます。みんなが男の子を叩き始めた理由はわからないけれど、ただ他の子が叩いているからという理由で自分も叩いたというのであれば、たとえ自分が始めたことでなくても、そこに加担した「わたし」の責任は問われなければなりません。男の子を叩くよう最初に命じた誰かがいたのだとしたら、その命令に無批判に従った「わたし」の責任を問わなければなりません。しかし、それと同時に、命令に従わなければならない力関係が「わたし」と誰かの間にあったのではないかと考えることも必要です。個人の主体性や尊厳が無効化されていく仕組みや相互作用がそこにはあったのではないか。あったとすれば、それはどのような関係性だったのだろうか。無効化されていくように感じる個人の主体性や尊厳とは、そもそもどのようなものなのか。こうした問いを想像し、議論の俎上にのせていくことこそが、この作品が投げかける「わたしのせいじゃない？」との問いに応えることになるのではないでしょうか。

■ 教師の取り組みといじめ問題 ■

話が少し逸れてしまいました。そうそう、「あやめのようにいじめられた経験のある子どもたちが、道徳の授業で自分の経験を語ることはできるのか」を考えていたのでしたね。

あやめが私の授業でいじめられた経験を語りだしたのは、授業者である私が、徹底的に価値中立的に振る舞っていたからかもしれません。それは、あやめの経験した出来事の外部にいる者として、まずはあやめの話を聞くことに専心するという私の態度にもつながりました。確かにあの場では、いじめをキーワードに話し合っていましたが、他の学生たちも、同じいじめの問題の当事者同士ではなく、あやめの経験した出来事の外部にいる者として話を聞いていました。だからこそ、あやめは自分の経験をいじめられた経験としてみんなに語ることができたのかもしれません。

誰かが語るいじめの物語を徹底して聞くことから始める。こうした態度で、実際に自分の学級で経験したいじめ問題に対処した小学校教員がいます。名前を岡和香子先生といいます。その実践は、北澤毅・間山広朗編著『教師のメソドロジー』（北樹出版、二〇一八年）に論文化され、所収されています(5)。ここでは岡先生の実践に即して、教師がいじめの問題に対処するとは、どういうことなのかを紹介したいと思います。

岡先生は、小学六年生の担任をしていたときに、Cさんとその保護者から「4年生の時から嫌がらせを受けている、今も嫌がらせは続いている」との相談を持ちかけられます。岡先生はCさんの訴えを聞いて、初めてCさんが辛い思いをしていることを知りました。しかもCさんは転校も考えているといいます。岡先生は事態の深刻さを受け止めて、Cさんに状況の改善を約束します（一二〇頁）。

これが岡先生の実践のはじまりです。ここだけ聞くと岡先生は、文部科学省の定義に則って対応しているとも言えます。しかし、岡先生はCさんの話を聞いてすぐに〈いじめ撲滅〉のための指導に乗り出しているわけではありません。

岡先生はCさんの気持ちを受け止めた後、Cさん自身にも誤解がないか、友だちとの間で些細な行き違いがないかを確認するために、事実関係を確定していく作業をはじめています。その作業は実に地道かつ綿密です。まずはCさんからこれまであったことを聞き取り、その聞き取りをもとに、今度はCさんと仲の良い子どもたち一人ひとりと話をして事実関係の確認に努めています。Cさんと子どもたち、どちらも自分の思いや考えを持っています。同じ出来事に相反する見解を述べることもあったといいます。Cさんが辛い思いをしているなど、思いもよらない子どももいました。

だからこそ、「『いじめ』を解決するには、Cさんの味わった『物語』を学級の児童に共有させ、自分たちの行為の意味をあらたに認識させることが重要であった」（一三一頁）と岡先生は振り返っています。また、Cさんや特定の児童だけでなく「学級全体を指導対象としたのは、大問題であるという認識をもたせたいというねらいと、1つの『物語』を全員で共有し、全員で解決することで、ほころびを生じにくくさせ、強い抑止力を生み出そうというねらいがあった」（一三一頁）と述べています。一方で、「思春期の入り口にいる児童たちにとって、一方的な『意味』の押し付けは反発を招くことも予想できた」（一三一頁）ため、「細心の注意を払って戦略を立て、Cさんを『被害者』と受けとめさせ、自分たちの行為が『いじめ＝差別』であったととらえられるような心情を個々の児童に醸成する必要があると考えた」（一三一頁）と指導の方針を論じています。

自分たちがCさんにしたことについて、子どもたちの認識はまちまちなのです。そんな状況のなかで、教師が一方的に「あなたたちがしていることはCさんへのいじめだ」と指導をしても、子どもたちに当事者意識は生まれませんし、Cさんはますます学級のなかで危うい状況に立たされかねません。そこで、岡先生が最初に試みたのは、「学級活動として、当時暗く重い衝撃を与えた『無差別殺傷事件』を起爆剤に、まず『差別』への問題意識を高めていくこと」（一三二頁）でした。そして、子どもたちに「いじめ＝差別」との認識を意図的に醸成させたのち、岡先生は「いじめられて（道徳副読本、学研6年）」「わたしのいもうと（松谷みよ子作）」を題材に学年で道徳の授業を行っていきます。学級を超えて学年で道徳の授業を行った背景には、「当時、別の学級でも男子同士のトラブルがあり、Cさ

（5）岡和香子「いじめ解決における『物語』構築実践」、北澤毅・間山広朗編著『教師のメソドロジー——社会学的に教育実践を創るために』北樹出版、一二九‐一四一頁、二〇一八年。

んの『いじめ』に4年生から関わっている者も多数いた」(一三三頁)からだといいます。

Cさんの個人的な訴えからはじまったいじめの問題ですが、岡先生はCさんやいじめの加害者とされる児童だけでなく、学級、さらには学年全体にも働きかけています。それは「自分たちの生活のなかにある『差別』に意識を向けさせ」(一三三頁)るためであり、同時に「他者が自分たちの関係をどう見ているかという視点を児童に与え、これまでの自分たちの行為をより客観的に、より厳しく見なくてはならない状況を作り出す」(一三三‐一三四頁)ためでした。

このように、岡先生は差別の問題を経由しながら、他者が自分たちの行為をまなざす視点を児童に与える実践を積み重ねています。その過程で、児童は自分の主観とは関係なく、半ば強引に外から与えられた客観的な視点に立たざるをえなくなっています。いわば、児童は他の児童の反応を見聞きすることで自分とは異なる他者の認識を知り、自分の主観的な見方を見直す機会を得ていくのです。「あなたならどうするか」と児童生徒の主観的判断をことさらに取り上げ、話し合いの主題に据えようとする文部科学省の方針とは、真逆の指導と言えます。

さらに岡先生は、Cさんへのいじめの中心であったと考えられる児童らが、「Cさんの『いじめ物語』を受け止められる素地ができあがったとふんだ」(一三六頁)時点で、最後の道徳の授業を行っています。その授業では、Cさんのメモや作文をもとに岡先生が編集したCさんの「物語」を取り上げています。岡先生は、Cさんのことだとは明かさずに資料を読み、「普段の道徳授業と同じように『私』に共感し、『私』の心情を考え、『私』の苦しい心の内を言葉にし」(一三八頁)、「その後、授業の終盤になってはじめて、これがCさんのことだと明かし」(一三八頁)ています。この時点で「Cさんの『物語』を全員がはっきり認識することにな」(一三八頁)ったといいます。

ここまでの岡先生の実践は、教師が用意周到にいじめの物語を学級内につくりあげ、その物語を児童らが共有していく実践と言えます。本来、バラバラの児童の認識を一つに編み直していくためには、教師主導で児童が寄って立つべき視点を学級内に醸成し、その視点を共有できるかどうかが、いじめ問題の解決の一つの鍵になっています。また、児童の状況を見つつ、ここぞと思われるタイミングで、岡先生が用意した教材をもとに道徳の授業が展開されています。教科化された道徳で、わざわざいじめをテーマに掲げなくとも、教師はいじめの問題の解決を折にふれ模索しているのです。

　岡先生の実践はこれで終わりではありません。岡先生は、加害の中心とされていた児童らにも自分の思いを学級で語らせる場を設けています。他の児童たちは、加害側の児童の複雑な思いに触れ、「また少し違った『いじめ物語』を発見することになった」（一三八頁）といいます。Cさんの物語を共有し、そのうえで、いじめの加害者とされる児童らの言葉にも耳を傾ける。彼らが語ることもまた、「いじめ物語」の一つなのだということを、児童らは理解していきます。岡先生が船頭役となってつくりあげられた「いじめ物語」は、加害児童らの語りを得て、新たな物語へと変化しはじめます。児童らは、「『互いをちゃんと理解して、間違いを正し、許しあい、いじめを解決することができた』という新しい『物語』を作り上げることができた」（一三九頁）といいます。

　こうした実践から、岡先生は「誰かが『いじめに苦しんでいる』と表明した時、関係者が互いに了解できる『いじめ物語』を構築することは、多くの実践において有効であろう」（一四一頁、強調点は越川による）と指摘しています。この指摘はとても重要です。こうした教師の実践は、文部科学省のメッセージを読んでいても見えてきません。教科書でいじめと思われる場面を提示し、「あなたならどうするか」を児童生徒が意見交換しても、児童生徒の主観的な意見ばかりが乱立し、共通の認識へとまとめていくことはかえって難しくなることが予想されます。いじめ問題の解決で大事なことは、学校からいじめをなくすことでも、児童生徒がいじめについての正しい認識を持つことでもなく、自分の主観的世界を生きる児童生徒たちが、互いに了解できる物語を教師や大人の手を借りながら共につくりあげていくことなのです。

5 モラルネコが教えてくれたこと

モラルネコは考えた。ヤマナシ先生と話していて、人間の世界のいじめについて考えた。

「ヤマナシ先生」

「はい」

「私が考えたことを聞いてもらえますかな？」

「ええ、もちろん」

モラルネコは鋭い眼光で私を見つめた。

「まず、わかったのは、人間の世界では大人たちがいじめをなくすことに相当執着しているということです。正直言って、ネコの世界にいじめはありませんから、人間がどうしてこうもいじめにこだわるのかわかりません。ネコの私には、いじめを想像することが難しい。ですから、ヤマナシ先生が言うように、人間の認識がいじめをつくり出しているのだとすれば、いじめとは人間が生み出した虚構なのではないか、いじめなんて最初からどこにも存在していないのではないか、とも考えました」

「なるほど」

「でも、それは違う」

モラルネコは、ぐっと語気を強めて言った。

モラルネコにじっと見つめられた。身動きできない。私がここで動いたら、モラルネコはどこかへするっと行ってしまいそうだ。だから、私もモラルネコを正面から見つめ直した。

「ヤマナシ先生も学生も、みんないじめについてあれやこれやと語り合っていましたね。ヤマナシ先生は、いじめはなくならないと認めたらどうかって言っていました。それに、ヤマナシ先生の大学の学生は、自分たちがいじめをしていたなんて思ってないと言っていました。自分はいじめられた側の人間だと言っていた学生もいました。ヤマナシ先生も学生も、いじめが何かを問わなくても、いじめについて自分の考えを述べることができるし、いじめという言葉で自分たちがしてきたことや、されたことを伝え合っています。いじめが何かは問題にならずに話し合っています。しかし問題は、何がいじめなのか、その基準が一緒に話をしている人たちの間でさえも違っていることにある、というのが道徳の教科化の背景にある人間の大人たちの考えなのですよね。いじめのとらえ方の違いをどうにかなくして、みんなで一致団結していじめをなくしていこう、というのが道徳の時間に課せられた役割なのですよね」

「そうね」

「でも、それって、とても窮屈な授業になるのではないですか？」

「窮屈……どういうことか、もう少し教えてもらえる？」

「道徳の授業でいじめを扱うとなったときに、「いじめを許さない」や「いじめはなくさなければならない」という大前提がまずありますね。それはつまり、いじめについて生徒がどう考えるか、すでに方向が決められているということではないのですか？　いじめはあってはならないものだという価値観を出発点に道徳の授業を進めようとしているように私には思えるのですよ。いじめはなぜ許されないのかを議論しても、「いじめは許されない」という前提自体は変わらない。何がいじめにあたるのかを話し合って、その次に、いじめになるようなことをしないためにはどうしたらいいか、いじめになるようなことをしている人がいたらどうしたらいいのかという議論になる。いくら話し合っても、「いじめはなくさなければならない」という認識は揺るがない。むしろ、その認識が絶対的に正しいのだということを確認するための授業になっていくように思うのですよ」

「それが道徳にいじめのテーマを盛り込んだ目的だからね」

「生徒が主体的に考える授業と言っていいのでしょうか。私はネコですから、好き勝手に振る舞えます。でも生徒は教室から出ることができません。あやめは今でこそ、自分のいじめられた経験を率直に話していますけれど、友だちとの人間関係に悩んでいる生徒は、ますます黙ってしまうのではないですか。『わたしのせいじゃない』でも何も言えずにいる一人の男の子が描かれていますが、彼のように黙って受け入れるしかない状況に追い込まれていくのではないですか」

「そういう状況を改善することが、道徳の授業のねらいでもあるんだけど……」

「それはもう、普段の学校生活のなかで先生たちがやっていることなのではないですか？　岡先生は、道徳の教科化とは関係なく、子どもたちと日々向き合うなかで、必要なときに慎重にタイミングを見計らって子どもたちの人間関係上の問題に対応しているのではないですか」

「私もそう思う。だから、いじめという言葉をことさらに使わなくてもいいんじゃないかと思って。いじめと言う前に、子どもたちの間で起きている状況をよくよく見てみたらいいと思うの。でも、道徳の授業ははじまっている。私たちは、どうしたらいいのかな」

「モラルネコになることをお勧めしますよ」

「モラルネコになる？」

「私との出会いを思い出してください。私はヤマナシ先生に「いじめとは、なんですか？」と訊きました。そして、ヤマナシ先生は文部科学省や大学生の話、岡先生の実践を教えてくれました。ネコの世界にいじめはありませんから、いろいろな話を紹介してくれたのだと思います。それでも結局、私はいじめが何かはわからないのです。それでいいと思うのです。人間の世界のいじめを知らないモラルネコになって、人間たちはなんでこんなにいじめを問題にするのか、疑問を投げかけてみたらいいと思うのです。ああ、そういえば、私の姿ってどんなふうに見えますか？」

「えっと、どんなふうに見えるっていきなり言われてもね。言葉で表すのは、なかなか難しい。ネコはネコだしねえ」

「そう。モラルネコって、どんなネコなんですかね。私も知りたいのです」

そう言って、モラルネコは机から軽やかに飛び降りた。そして、私の足元に額をすり寄せた。その感触は確かにあった。思わず抱きかかえようと手を伸ばしたら、もうモラルネコはいなかった。

第2部

道徳の多元宇宙を読み解く

——自分・人・社会・生命をめぐって

INTERMISSION

幕間

この第2部では、文部科学省の『学習指導要領』や道徳の教科書に即しながら、そこで取り上げられている「問題」について考えていきたいと思います。いきなり「問題」とカッコつきで書いたのは、教科書などを見ると、並んでいるのは道徳をめぐる「問題」ではなく、道徳として身につけるべきことであるように見えるからです。教科としての道徳の時間は、「考え、議論する」時間ではなかったのでしょうか。これだと、道徳の徳目に即した「感動的な」物語（ここに「感動」しなくちゃいけないということになっている物語）を読み、それについて（こういうことを言わせたいんだろうなということにもとづいて）話し合い、やっぱり「〇〇って大切だよね」というオチで授業が進んでしまうような気がします。しかしそれでは、道徳について考えたことにはならないですね。

哲学者の鈴木崇夫さんが、次のように述べていました。

「ゼミの学生たちに訊いてみると、日本の学校における道徳教育は、そういう哲学的な営みとは全く逆である場合が少なくないようです。「道徳」の授業は、教員や教科書が暗に求めている答えを察してそれを発言したり書いたりする時間だった、というのです。今年（二〇一五年）の三月、道徳が小中学校で教科化されることが決まりました。もしその道徳の授業が、特定の既成の徳目を一方的に教え込むものだとしたら、道徳にとっても倫理学にとっても致命的な事態になってしまうでしょう」（「訳者あとがき」、トゥーゲントハットほか『ぼくたちの倫理学教室』鈴木訳、平凡社、二六二頁）。

よい教育をしようと頑張っている先生には少し申しわけない気もしますが、このような危惧を抱く哲学者は少なくないのです。哲学的問題は（倫理学も哲学なので倫理学的問題も）、誰かから正解が与えられるものではなく、他者と対話しながら自分で答えを見つけていくことが大事だからです。知識の習得ならともかく、道徳という教科において生徒たちが言うべきことが、正しいとされていること、よいとされていること、先生の意に沿うとされていることになってしまう危険はないか、よく考えてみる必要がありそうです。

とはいえ、道徳の授業は価値や徳目の押しつけになってはいけない、子どもたちが考え議論できるようにしなければいけない、こんなふうに言われると、先生たちは余計に頭を悩ませそうですね。まず、「押しつけになってはいけない」ということは、生徒たちに言いたいことを言わせておけばよいということではありません。もちろん、言いたいことがあるのに言えない雰囲気になってしまうことは問題です。しかし、生徒一人ひとりが言いたいことは何か、そもそも本当に言いたいことを持っているのか、このことに十分留意する必要があるのではないでしょうか。むしろ、生徒自身が考え、意見を持てるように積極的に働きかけることが求められるのだと思います。「押しつけ」に対する警戒心のあまり、こうした働きかけまで控えてしまうなら、「考え、議論する道徳」などと銘打っても有名無実になってしまうでしょう――神聖でもローマでも帝国ですらない「神聖ローマ帝国」のように。そのためには、生徒たちが道徳に関する「問い」を持てるように、先生自身が「問い」を投げかけることも必要ではないでしょうか。

たとえば、道徳をめぐって二つの「なぜ」という問いを立ててみます。一つは、「なぜ人を殺してはいけないのか」、「なぜ嘘をついてはいけないのか」（これに関連した「なぜ人を殺してもよいことがあるのか」、「なぜ嘘をついてもよいことがあるのか」）という「なぜ」です。もう一つは、「なぜ人を殺したのか」、「なぜ嘘をついたのか」という「なぜ」です。前者は道徳の理由づけや正当化をめぐる問いであり、後者は道徳に反するとされる行為の原因をめぐる問いです。

道徳は、たいてい「すべし」・「すべからず」という形をとって、つまり何らかの行為や生活態度を指図するという意味を持って、現実に起こっていることに反することを言います。「人を殺してはいけない」とか「嘘をついてはいけない」ということが道徳として言われるのは、現実には人が人を殺しているからであり、人が人に嘘をついているからです。

かりに、誰も人を殺したり嘘をついたりすることのない社会があるとすれば、そこでは「人を殺してはいけない」とか「嘘をついてはいけない」という道徳は意味を持ちません。道徳は、道徳に反するとされることが現実に起こっていることを前提としているのです。だとすれば、先にあげた二つの「なぜ」という問いかけを切り離して考えることはできません。そして、なぜ道徳に反する現実があるのかを考えるためには、人間や社会の現実や歴史などについての理解が欠かせません。それを欠いたのでは、道徳は現実から遊離した単なるお説教になってしまいます。学校教育に即して言えば、独立の教科となった道徳が、他の教科での学びから切り離されてしまうと、考える道徳ではなくなってしまうでしょう。道徳が指図していることはなぜ正しいのか、本当に正しいのかという問いと、その指図に反する現実がなぜ起こっているのかという問いを結びつけながら、道徳科で扱うとされている「問題」を考えてみてはどうでしょうか。

文部科学省『中学校学習指導要領』(二〇一七年三月)によれば、道徳科では次のような項目を扱うとされています。

A　主として自分に関すること B　主として人との関わりに関すること C　主として集団や社会との関わりに関すること D　主として生命や自然、崇高なものとの関わりに関すること

いちばん身近な自分自身を起点にして、自分への近さの順に、人との関わり・社会・自然が並べられたというイメージでしょうか。しかし、事はそんなに単純ではないですね。

一つには、いちばん近いものが一番見えやすいとは限らないという問題があります。たとえて言えば、自分の顔は自分自身でありながら、自分では見えません。鏡に映して見るとか、他の人に見てもらうとか、写真やビデオに撮って見るというふうに、何かや誰かを介してしか見えないのです。それによって見えた自分の顔は、本当に自分の顔なのだろうかという、不安をそそるような哲学的問題はさておくとして、自分にいちばん近いはずの自分の顔を見るた

INTERMISSION

めには、何かや誰かを介するというけっこう大変な作業が必要なのです——日常生活のなかで当たり前のように行われてはいるのですが。

さらに、自分・人との関わり・社会・自然はくっきりと区分けされるような事柄でもなく、どれか一つを考えようとすれば他も合わせて考えざるをえないという問題があります。『学習指導要領』でわざわざ「主として」という言葉が添えられたのも、それが意識されているからでしょうか。たとえば、「自分に関すること」について考えるとき、親やクラスメイトとの関係のことであったり、学校生活という集団生活の不満であったり、自分の体（生命や自然）のことであったりするでしょう。自分・人との関わり・社会・自然は、別々に存在している何かではなく、それぞれつながり合っているのではないか、さらにはこうした区分け自体がはたして正しいのかという疑問も含めて、考えたいですね。

こうしたことを意識しながら、以下の各幕では、道徳の教科書も念頭において「これって変だなぁ」、「本当にそうなの」、「なぜそうなの」といった「問い」を投げかけていきます——たとえば「道徳って自分を犠牲にすることなの？」「人との関わりの『人』って誰？」「家族のために自分を犠牲にすることが家族愛なの？」「動物を殺して食べることをどう考えればいいの？」などなど。こうした問いかけが、読者のみなさん、さらには先生や生徒たちの思考を触発するものになればいいのですが。

さて、そろそろ第2部の幕が上がります。それぞれの幕から、道徳教育の多元宇宙を広げていくヒントを見つけていただければ幸いです。

ACT

第3幕

自己犠牲の道徳論はもうやめよう

主として自分自身に関すること

小谷 英生

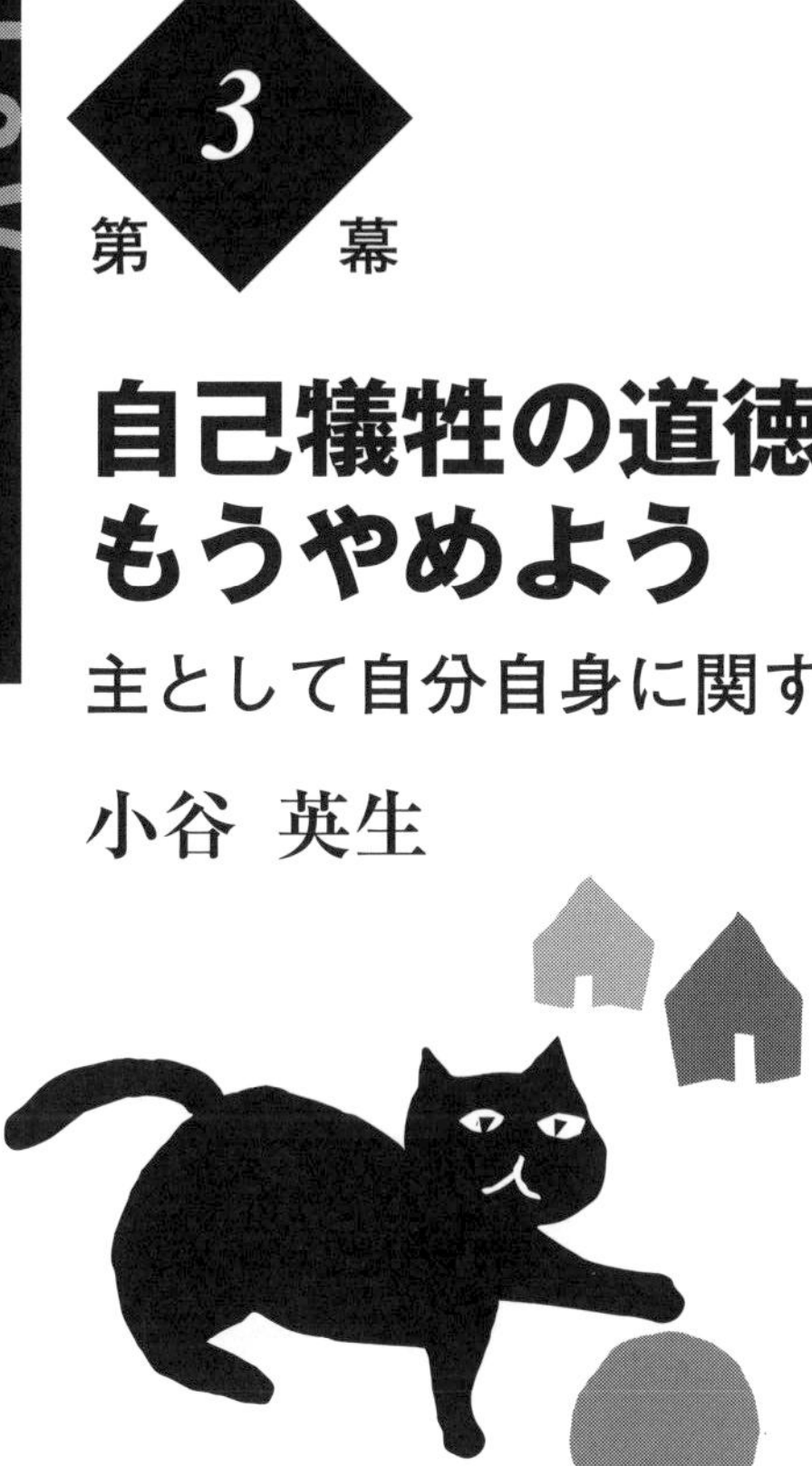

1 独り立ちは一人じゃできない

言うまでもないことですが、人間は自分一人で人格を形成し、自己を確立することはできません。私たちの考え方や価値観の多くは他者との交流を通じて形成されるものだからです。「主として自分自身に関すること」という話題においても、むしろそうした話題だからこそ、他者や社会、自己の置かれた境遇や人間関係など、「自分以外」に対する目配せが欠かせません。

二月になるとテレビでは、しばしば有名私立中学校に合格した小学六年生へのインタビューが放送されます。「iPS細胞を使って多くの人を救う研究者になりたい」「起業して世界中で活躍したい」など、彼らの口から立派な夢が語られます。けれどもそれらは往々にして、親や先生からの受け売りにすぎないのではないでしょうか。たとえそうではなかったとしても、彼らがそうした夢を見つけ、金銭的にも精神的にも応援してもらえるような環境で育ったことは確かでしょう。難関中学校に合格した子どもたちの努力を否定するつもりはありませんが、彼らが自分の力だけで成功を勝ち取ったとは言えません。

以上のことは、「主として自分自身に関すること」についての授業を行ううえで、つねに留意すべき事柄です。「主として自分自身に関すること」で用いられる典型的な教材はアスリートの談話ですが、そこでは彼ら自身の力が強調されがちだからです。本人の努力が重要な要因であることはもちろんですが、そうした努力も彼らを支えるチームや制度（ここには多額の税金が投入されている！）なしには不可能だったに違いありません。

彼・彼女らの成功は、多くの人びととの協力なしにはありえなかった。もしもこの点が無視されて、

「主として自分自身に関すること」が本人の努力ややる気、生活態度だけに還元されてしまうならば、結局のところ自己責任論に終わってしまうでしょう。すべてが本人の問題だということになれば、私たちのよりよい生き方をバックアップしてくれるような社会を形成しようという動機づけも、失われてしまうことが危惧されます。

一九六五年にアメリカのジョンソン大統領がアファーマティブ・アクション（積極的是正措置）について述べた有名な一節は、このことをより深く理解させてくれます。

二人の人間が一〇〇メートル走を行っており、一方のランナーには足枷が嵌められている場面を想像してみて欲しい。彼が一〇メートル進む間に、もう一人は五〇メートル進んでいる。これを正しい姿にするためには、どうしたらよいのか？　単に足枷を外し、レースを再開させるだけでいいのか？　なるほど、それによって「機会の平等」が実現したと言うことはできるだろう。しかしもう一人のランナーは、四〇メートル先にいるのだ。してみれば、足枷を負わされていたランナーを四〇メートル進ませたうえでレースを再開したほうが、より正義に適っているのではないだろうか。これが平等のためのアファーマティブ・アクションである。(1)

ジョンソンの意図は、キング牧師が主導したいわゆる「アフリカ系アメリカ人公民権運動」を国政を通じて支援しようというところにありました。ここで二人のランナーとは白人と有色人種（主とし

（1）引用は Khanta, S. S., *Business Ethics and Corporate Social Responsibility*, S Chand & Company Pvt. Ltd., 2008, p.177より。なお、原文ではメートルではなくヤードである。

て黒人）を意味しています。「足枷を負わされたランナー」とは、言うまでもなく後者のことです。そして「足枷を外」すという表現は、有色人種にも白人と同等の公民権（市民権）を与えることの比喩として用いられています。

最近の日本では〈義務を果たさない者には権利はない〉という誤った人権感覚が強まっているようですが、ジョンソンの演説にあるように権利のある状態が通常であり、権利のない状態こそが、足枷を嵌められた状態なのです。それだから〈義務を果たさない者には権利はない〉という発想は、隙あらば他者の権利を奪い、足枷を嵌めようという恐ろしい考え方を含んでいます。これは人権という考え方にも、日本国憲法にも、さらには日本も批准している各種の国際条約（たとえば国際人権条約や人種差別撤廃条約など）にも反した権利観であり、とても容認することはできません。

さて、アファーマティブ・アクションはしばしば〈スタートラインを揃えるための措置〉と言われますが、これはジョンソン大統領の発言からも読み取れます。本当の意味でのレースの勝者・敗者を決めるためには、人権が保障されるだけでは不十分で、待遇の格差改善が必要だというのが発言の趣旨です。そもそも人生はレースではなく、勝者も敗者もないのですが……その話はいまは措いておきましょう。自分の力を惜しみなく発揮するためには然るべき環境・待遇がきちんと整備されていなければならないという点が伝われば、さしあたり十分です。

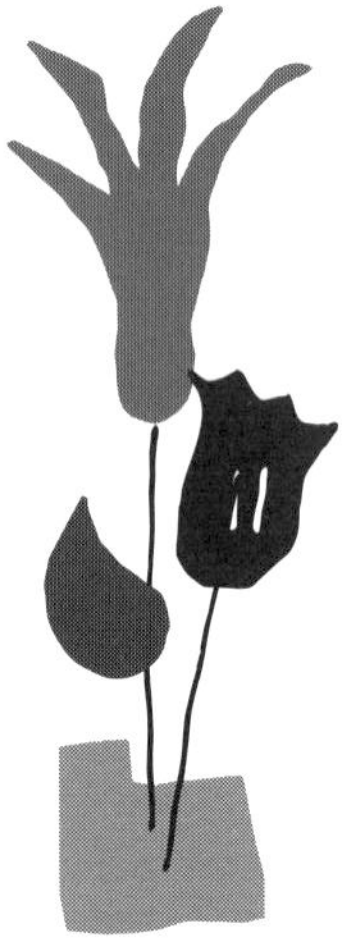

2 道徳は自己犠牲じゃない

道徳のイメージ

さて突然ですが、みなさんは道徳というものについてどのようなイメージをお持ちでしょうか。

頭にぱっと浮かぶのは、「道徳は私の利益を制限し、自己犠牲を強いるような説教臭いお題目である」といったものではないでしょうか。

たしかに、道徳に自己犠牲の面があるのは否定できません。道徳的義務は一般に、〈たとえあなたが何を望むとしても、〜せよ／してはならない〉というふうに定式化されるからです。たとえば「電車やバスの中ではお年寄りに席を譲るべきだ」という道徳的義務は、「お前は若いんだから、どれだけ席に座りたくとも我慢しろ」という命令が含意されています。

この他にも、道徳が不利益を押しつけるような事例は、日常生活のいたるところに転がっていることでしょう。「正直者は馬鹿を見る」という言葉があるように、道徳的に振る舞うと損をするというのが世の常なのかもしれません。たとえ馬鹿を見なくとも、道徳的な生き方が険しい道であることに変わりはないように思います。私たちの状況を無視して、道徳は上から目線で、ああしろ、こうするなと命令してくるからです。だから「道徳は空しいお題目にすぎない」とか、「道徳とはつまり忍耐や自己犠牲だ」という世間のイメージも、あながち間違っているとは言えないのかもしれません。

しかし、にもかかわらず、こうしたイメージは誤解であると断言します。そもそも「道徳的行為の結果として自己犠牲が生じてしまう」という主張と、「自己犠牲が生じているから道徳的行為である」という主張はまったく異なるからです。道徳的行為がつねに私の不利益になるとはかぎりません。それどころか、自己利益の追求・実現を命じることだってあるからです。したがって「行為者当人の損得は善悪の根拠（理由）にはならない」というのが、道徳を考えるうえで重要です。利益を最重要視する功利主義でさえ、道徳の根拠はあくまで最大多数の最大幸福であって、私一人だけの利益ではありません。

■ 男性も育児休暇を取るべきだ ■

道徳が自己利益となることの一例として、育休（育児休暇）について考えてみましょう。ある男性Aさんに子どもが生まれたとします。このときAさんが育休を取ることは、さしあたりAさんとその家族にとって利益となります。

ところが、とりわけ男性の場合、「恥ずかしい」とか「自分が休むと職場の同僚に迷惑をかけてしまう」と考えて躊躇してしまう人が、まだまだ多いように見受けられます。だから「男性は育休を取得すべきではない」というのが正しい判断であるように思われます。しかし、道徳という観点から見れば、これは大きな間違いです。Aさんの育休取得にはさまざまな波及効果が期待されるからです。

真っ先に思いつくのは「他の男性も育休を取りやすくなる」というものです。また、ジェンダー格差是正のためにも有益です。「ライフ・イベントのさいには男女ともに中長期の特別休暇が必要である」という認識が一般的になれば、「出産・育児があるから女性を雇いたくない」という理屈は妥当性を失うことになるからです。

まだまだあります。少子高齢化社会を迎えた日本では、子ども（将来世代）の社会的重要性が増大しています。若者人口の減少が社会問題化している現在の状況では、「出産・育児は親（保護者）の私的な営みである」と考え続けることには無理があります。したがって男性の育休取得は、私たちの意識を「育児は社会的営みであり、仕事と同等以上の重要性を持つ」といったものへと転換するためのきっかけになりえます。

もちろん、同僚には一時的に迷惑をかけることになるかもしれません。しかし、将来ほかの誰か（たとえばBさん）が育休を取ったさいには、AさんもBさんの仕事の一部を引き受けるわけですから、気に病むことはありません。

さらに、育休を取る可能性がほとんどない年配者や独身者にとってさえ、Aさんの休暇取得は利益になります。賃金その他の条件が同じであれば、「育休を取ることも許されない雰囲気の職場」よりも「誰でもストレスなく育休を取得できる職場」で働きたい、誰もがそう考えるはずだからです。育休すら許されないような職場では、通常の有給休暇はもちろん、けがや病気での長期休暇さえ、取得できるか危ういのです（だから育休取得を認めさせることは、職場をホワイト化するきっかけになるとさえ言えます）。

このように考えてみると、「長期的には全体の利益になるのだから、恥を我慢し、同僚に白い目で見られようとも、私は育児休暇を取得すべきだ」というのが正しい道徳的判断だということになりそうです。Aさんの育休取得は社会全体にとって利益となる行為であり、今回はそれがたまたま自分の利益にもなったにすぎません。その意味で、育休取得は自己利益を不当に得ようとするエゴイズムやわがままとは一線を画しています。

■「自己利益追求＝わがまま」は間違いだ■

ところが日本社会では、自己利益の追求は一様にわがままだと判断され、悪しきものと見なされがちです。事実、少なからぬ企業において、未だに男性の育休取得が困難であり、育休取得に対する人事的懲罰が横行している現状があります。

二〇一九年六月にTwitterで話題となった、ある会社（B社とします）の男性元社員Cさんの事案がその典型です。B社は育児サポート企業として厚労省の認証（「くるみんマーク」）を取得しており、それによる税金優遇措置（！）を受けているような企業でした。にもかかわらず、育休明け直後のCさんに対し、まだ働きに出られない妻と乳幼児を残しての単身赴任を命じたのです。

SNS上では「転勤は業務命令であるし、会社に非はない」とする意見もあるようです。B社本体もそのような認識を示しました。Cさん本人でさえ、転勤自体に文句を言っていたわけではありません。ただ、「タイミングの問題で一、二か月待ってほしい」と伝えたにもかかわらず、それすら認められなかったことが問題です。詳しい内情はわかりませんが、Cさんが緊急に転勤しなければならない合理的理由はなかったように見受けられます。そうであれば本件は、会社によるパタハラ（パタニティ・ハラスメント、父親に対する嫌がらせ）だと言わざるをえないでしょう。

言うまでもありませんが、社会の利益は会社の利益とイコールではありません。最近では、どこもかしこもマーケティング用語で溢れかえっており（学級経営とかスクールリーダーなんてのもそうですね）、会社の論理こそが社会の論理だと錯覚しがちですが、それは大きな間違いです。B社の事案のように、社会の利益と企業の利益は往々にしてバッティングするからです。

B社のようなやり方を許してしまえば、日本はますます酷い状況に向かうだけでしょう。企業の社会的責任を考えるならば、パタハラは非難されて然るべきです。

3 文化・社会的通念は道徳か

さて、〈道徳的な善悪は当事者の利害のみで決まるわけではない〉という点に納得していただけたでしょうか。とりわけ、〈行為者の自己犠牲こそが道徳だ〉という先入観には注意しなければなりません。もちろん、ボランティアや人助けのような社会貢献は道徳的に善いことでしょう。しかし、それによって本来被るべきでない不当な不利益、すなわち犠牲が発生する場合には、行き過ぎであり、害悪でしかありません。

学校教員の場合には、自己犠牲はしばしば〈子どものため〉というかたちで登場します。しかし、いくら〈子どものため〉であれ、超過勤務や休日の部活動監督を甘受し（しかもサービス残業として！）、ライフワークバランスを著しく損なうのはやりすぎです。また、そういった姿を見せることが、本当に〈子どものため〉になるとも思えません。たしかに、大人になった生徒たちは「ああ、先生はぼくたち・私たちのために休日も出勤してくれていたんだ、すごいな」と思ってくれると思います。けれども、「だから同じように頑張らなくっちゃ」とサービス残業を受け入れてしまう人間をつくることが、よい教育だと言えるでしょうか。

もちろん、教育現場のブラック化は構造的な問題であり、個人でどうにかできるものではありません。〈子どものため〉だから仕方ない、と自分を納得させたい気持ちもわかります。しかし学校教員は労働者であって、聖職者ではありません。〈子どものため〉に教員は何をどこまでするべきなのか。児童相談所や地域、行政と連携し、もっと役割分担すべきではないのか。こういったことについて、もう一度考えてみてはいかがでしょうか。すぐに変えられないとしても、変えようとする意識を持つことはできるはずです。

さて、「新しい教科　道徳」が謳う道徳とは最も広い意味での道徳であり、文化・社会的通念を含めた正邪善悪を扱います。しかし、公民権運動やパタハラのような例でわかるように、文化的・社会的に善だとされた事柄が厳密な意味での道徳的善であるかといえば、それもまた違います。もしも文化・社会的通念が道徳とイコールであったならば、人種差別が撤廃されたり男性の育休取得が推奨される余地はなかったはずです。世間で通用している事柄と道徳的に正しい事柄の間にズレがあるからこそ、私たちは悪習を認識し、改め、よりよい文化を築きあげることができるのです。

それゆえ文化や伝統、常識に基づく価値を道徳という名で子どもたちに教えてよいか、私たちは慎重に判断しなければなりません。文化・社会的通念はむろん大切ですが、それらを無批判に押しつけるような道徳の授業は、「考え、議論する道徳」とは言い難いように思います。

狭い意味での、あるいは厳密な意味での道徳的思考とは、こうした通念よりも深いレベルで正邪善悪について考える営みです。この意味での道徳的思考においては、文化・社会的通念を疑い、是認したり拒絶したり、あるいは改善したりするための検討作業を避けて通るわけにはいかないのです。「特別な教科　道徳」に求められるのも、こうした作業にほかなりません。

■野球部員は坊主にすべきか■

たとえば「野球部員は全員丸刈りにしなければならない」のような校則（部則）について考えてみましょう。

「野球部員は全員丸刈り」というルールを肯定する人でさえ、坊主にすることは道徳的に善であるとまでは言わないように思います。「伝統だから仕方ない」とか、「チームの結束力を高めるためには必要悪である」とか、さらには「どの学校もそうしているから」といった理由が考えられますが、こうした理由の妥当性についての吟味もまた、道徳的思考の一部をなしています。

理由の妥当性を吟味するさいには、二つの作業が重要です。

まず、事実関係の確認です。野球部員が丸刈りにすることは、本当に伝統なのでしょうか。朝日新聞が高野連加盟校を対象として五年ごとに実施している「高校野球実態調査」によれば、「部員の頭髪の扱いはどのように取り決めていますか」という問いに対し、丸刈りを強制・半強制にしている高校は一九九八年度には約三割でした（回答者は顧問教師と監督）。この数字はその後増加傾向を示し、二〇一三年度にはなんと約八割に達したのです。二〇一八年度には微減したものの、未だに七五％以上の高校で丸刈りが強制されているようです。(2)

この二〇年で丸刈り強制の学校が増えているというアンケート調査結果は、「野球部員の丸刈りは伝統である」というイメージが虚像である可能性を強く示唆しています。要するに「丸刈りは伝統だから」という説明は、どうやら事実無根らしいのです。

以上のように、ルールや命令を正当化する理由（ここでは「伝統」）が与えられている場合でも、それが事実として正しいかどうかを検証する作業が必要です。

もちろん、事実の確認だけで終わるわけにもいきません。価値の吟味がそれに続くべきだからです。百歩譲って丸刈りが伝統であったとしても、その伝統は踏襲に値するのか。伝統や必要悪に基づく丸刈りは、生徒の「表現の自由」や「思想・信条の自由」と両立するものなのだろうか。こうした問いに取り組むことで、最終的に何をすべきかを判断できるようになるのです。

（2）たとえば次の記事を参照。https://president.jp/articles/-/24785（二〇一九年七月現在）

文化・社会的通念を真剣に吟味する

このように道徳は、文化・社会的通念の吟味を含みます。こう言うとすぐに、「教科書に書いてある文化・社会的通念を否定するなんて無理だよ」という声が聞こえてきそうです。それどころか、「既存の文化・社会的通念を教えることこそ、道徳という教科の課題である」と考える人さえいるかもしれません。

一九六〇年にユネスコ総会で採択された「教育における差別待遇の防止に関する勧告」以来、とくにマイノリティの言語・文化の保護育成は教育課題になっていますから、文化や社会的通念を教えること自体は推奨されるべきでしょう。しかしながら文化・社会的通念は事実として疑わしい場合が多いということや（代表例は「江戸しぐさ」です）、そもそも道徳の根拠としては弱いことに注意しなければなりません。というのも、文化や伝統、一般常識がすなわち道徳であると認めるには、「私たちの社会は非の打ち所のない素晴らしい社会である」ことを前提にしなければならないわけですが、馬鹿馬鹿しい想定ですよね。

文化・社会的通念は両義的ですから、よい面は残し、悪い面は改善していこうというのは当然の話です。

考え、議論する道徳へ

すると問題は、何が「よい面」で、何が「悪い面」なのかということになります。どうやってそれを決めればよいのでしょうか。それこそが、「新しい教科　道徳」のなかで考え、議論すべき事柄です。文化・社会的通念を含めた広い意味での道徳であれ、善悪についてより深く考えていく狭い意味での道徳であれ、道徳的な思考とは、ルールと価値について考える営みにほかなりません。道徳的思考によって正当化されたルールや価値は、よい社会、みんながそこで生きていきたいと思える社会を構築するために欠かすことのできないものです。

私たちは案外、本当は何が善くて何が悪いか、よくわかっているものです。いわゆる正論というやつですね。けれども、さまざまなしがらみのなかで正論を貫くことは難しいし、きれいごとで終わることがしばしばです。また、私たちは聖者ではないのですから、いつでもどこでも道徳的に振る舞うなんてできません。

しかしそれを認めたうえでなお、道徳的に思考し、可能なかぎり正しい選択をしていこうというスタンスを取ることは可能です。それこそが道徳的態度でしょう。「新しい教科　道徳」を一つのチャンスとして活かしていければ、私たちの社会はもっとよくなるに違いありません。

4　「星野君の二塁打」を読む——価値のコンフリクト事例として

さて、道徳的態度を取るためには、反省的思考を身につけなければなりません。反省的思考とは、自分の考えを振り返り、客観化・相対化しつつ深めていくような思考のことです。こうした思考のなかでも、ある考え方の有効性・妥当性の条件と限界を考える作業を、とくに批判的思考と呼びます。

道徳の授業において活性化されるべきは、この批判的思考です。私たちは通常何を正しいと考えているのか、それは本当に正しいのか。こうした問いに対して、全否定・全肯定ではなく、「どのような場合に」「どうすることが」「なぜ」正しいのか・正しくないのかを明らかにすることが、反省的・

批判的思考の目的です。

批判的思考をうながすための工夫

では、道徳の授業で批判的思考を活性化させるためには、どうすればよいのでしょうか。

まず、生徒の意識づけに関する工夫が重要です。

〈道徳が吟味すべき正邪善悪はルールと価値に関するものだ〉という観点から見れば、生徒は一つの事例だけに該当するような判断ではなく、ほかの類似事例においても妥当するようなルール・価値について考えなければなりません。要は「誰もがいつもそうすべきこと」について考える必要があるわけです。

このような思考や議論を活性化させるために、生徒一人ひとりに対し、あたかも国会議員（より一般化すればルール作成者）であるかのように考え、議論するといった心構えを持たせることが、工夫の一つです。それによって「自分たちの決定が法律（条例）となるとしたら、どうすることが正しいのか？」という重みと責任のなかで考えることが、疑似的に可能となります。

こうした意識づけのうえで、次に教材の工夫をしなければなりません。私たちが反省し、批判的思考を発揮するのは、自分が無意識に行ってきた判断や行動が通用しなくなるときです。そのようなときに初めて自らの価値観や行動原理、考え方や身振りについて再考するからです。したがって反省的・批判的思考力を育むためには、たとえば価値のコンフリクト（衝突）事例を扱うことが有効です。異なる価値観や考え方が衝突している／衝突しうる状況を、教材の再構成を通じてつくりだしてあげるのです。

■ 物語の概要 ■

そうした再構成の一例として、道徳教材としてお馴染みの（悪名高い？）「星野君の二塁打」を取り上げましょう。この小説は、英文学者・児童文学者の吉田甲子太郎が戦後まもない一九四七年に発表したものです。教科書・副読本ごとにさまざまな改変がなされているので、ここでは原文にしたがって検討していきます。(3)

舞台は夏の甲子園地区予選決勝、九回裏同点の場面です。旧制中学（現在で言えば高校）のR校は念願の甲子園出場をかけた試合で、ノーアウト一塁のチャンスを得ました。ここで打順はピッチャーで三番バッターの星野君に回ってきます。この日、星野君は好投を続けていましたが、バッティングは振るわず、監督の今井先生に呼ばれて送りバントの指示を受けます。

「星野、山本をバントで二塁へ送ってくれ。〔四番バッターの〕杉本に打たせて、どうしても確実に一点かせがなきゃならないから。」

今井先生は正面から星野の目を見て、ハッキリ、そういった。（略）

「打たしてください。こんどは打てそうな気がしているんです。」

「気がしているくらいのことをたよりにして作戦を立てるわけにはいかないよ。ノー・ダン〔ノー・アウトのこと〕なんだから、ここは正攻法でいくべきだよ――わかったな。さァ、みんなが

（3）原文は http://e-freetext.net/hoshinokun_niruida.txt で読める（二〇一九年六月現在）。引用にあたっては、一部表記を改めた。

待ってる。」

しかし星野君は指示を破って、フルスイングしてしまいます。結果的に二塁打となり、チームの勝利に貢献しました。ところが、今井先生は命令違反を重くみて、星野君に甲子園謹慎を言い渡したのです。

「ぼくは、星野君の甲子園出場を禁じたいと思う。当分、謹慎していてもらいたいのだ。そのためにぼくらは甲子園の第一予戦で負けることになるかも知れない。しかし、それはやむをえないこととあきらめてもらうより仕方がないのだ。」

「星野君の二塁打」というテキストは道徳の教科書（副読本）という枠組みを超えて、さまざまな議論を巻き起こしてきました。たとえば、二〇一八年五月に起きた日本大学アメフト部違反タックル問題（ある選手が監督・コーチの命令で相手チームのエースに違反タックルをし、怪我を負わせた事件）においても、ウェブ上では「「星野君の二塁打」のような話だ」という声が多数あがりました。「星野君の二塁打」は〈たとえ理不尽でも、監督（上司）の命令には絶対服従、逆らえば懲罰〉という価値観を示したテキストとして記憶されているわけです。

しかし、事はそう単純ではありません。「星野君の二塁打」は、なるほど細部を省いてしまうと単なる理不尽な物語になってしまいますが、実際にはもう少し込みいっているからです。ですから、授業に用いる場合には、ぜひ原文を使った教材研究をお勧めします。

■野球に即して考えてみよう■

さて、「星野君の二塁打」をきちんと読み解くためには、星野君の罪と罰を区別して考えることが重要です。

結論から言ってしまえば、星野君のプレーは非難されても仕方ないように思います。ノーアウト・ランナー一塁、一点取れば勝利という場面だったからこそ、今井先生は「正攻法でいくべき」だとして送りバントを命じたわけです。命令は妥当でした。

先生はこうも言います。

「それに実際問題としても、あのとき星野君の打った球のおかげで、ダブル・プレイでも食ったとしたら、どうなったと思う。ワンヒット・ワンランのチャンスもないのに、あの場合ヒッティングに出るなんて、危険きわまるプレイといわなければなるまい。」

つまり、星野君のプレーは単なる命令違反にとどまらず、チームを危険にさらすものでもあったわけです。

もちろん、「あの場面では送りバントが正解だったとしても、命令に絶対服従というのは酷いんじゃないか」という意見も考えられます。しかし、実は今井先生のチーム運営は民主的になされており、監督の指示に従うことに星野君も同意していたのです。謹慎を言い渡すことになったミーティングの場で、今井先生は次のことを確認しています。

「ぼくが、監督に就任するときに、君たちに話した言葉は、みんなおぼえていてくれるだろうな。ぼくは、君たちがぼくを監督として迎えることに賛成なら就任してもいい。校長からたのまれたというだけのことではいやだ。そうだったろう。大川君。」

〔キャプテンの〕大川は、先生の顔を見て強く、うなずいた。

「そのとき、諸君は喜んで、ぼくを迎えてくれるといった。そこで、ぼくは野球部の規則は諸君と相談してきめる、しかし、一たんきめた以上は厳重にまもってもらうことにする。また、試合のときなどに、ティームの作戦としてきめたことは、これに服従してもらわなければならないという話もした。諸君は、これにも快く賛成してくれた。」


部の規則も監督命令への服従も、みんなで話し合って決めた（合意した）ものだったのです。繰り返しますが、今井先生はあのバント指示のさいに強権を発動したわけではありません。セオリーどおり、合理性の高い指示を出したのです。この点で、「星野君の二塁打」を日大アメフト部の事件と同一視することはできません。

それではなぜ、星野君はスタンドプレーに走ったのでしょうか。

星野君はこの日バッティングが当たっていませんでした。だから次こそは、と考えていたのです。


かれはこの四回目のアット・ボックスで、名誉挽回をしてやろうと、ひそかに張りきっていたのだ。こんどは、きっとあたる。なんとなく、そういう予感もしていた。

しかし、すでに述べたとおり、「予感」だけでは任せられないというのが今井先生の意見でした。

星野君は納得こそしていませんが、それでも当初は「監督の命令にそむくことはできない」として指示に従うつもりでした。ところが、一塁走者の山本君の動きに触発され、方針を変えてしまいます。

山本の張りきった動作を見ているうちに、星野の打ちたい気もちが、また、むくむくとあたまをもたげてきた。「打てる。きっと打てる。確実にヒットが打てさえすれば、むりにバントをするには及ぶまい。」かれは姿勢を少しかえた。

このように星野君は「気もち」に任せて命令に背いてしまいます。もちろん、この「打てる。きっと打てる」という気持ちは、経験に裏打ちされたものであり、まったく信頼できないものではなかったのでしょう。その点では、今井先生は〈打てそうなら打て、無理そうならばバントしろ〉という指示を出すのが適切だったと言えるかもしれませんが、説得力はなさそうです。もしもこれがピンチの場面であれば、監督が選手を信じ、博打に出るという選択肢もあったでしょう。しかしここは確実に勝ちを拾うべき場面です。名誉挽回したいのであれば、甲子園に出てからでもよかったはずです。であれば、今井先生の指示を批判することはできそうもありません。

野球における戦術やチームの運営方針を考えれば、星野君のプレーは間違っていたと言わざるをえないように思います。

■野球を離れて考えてみよう■

このように子細に分析してみれば、「星野君の二塁打」は一般に流布しているような〈たとえ理不尽であっても、監督（上司）の命令には絶対服従、逆らえば懲罰〉といった単純な話ではなかったことがわかります。少なくとも、今井先生は理不尽な命令を下していたわけではありませんでした。

したがって星野君に焦点を当てると、この物語は「星野君は悪いことをした」という一本道であり、多様な意見をぶつけあうことは難しいようです。そこで、別の論点を取る必要があります。それは懲罰です。

たしかに、星野君は間違いを犯しました。しかし、それは甲子園謹慎という重い罰に値するのでしょうか。今井先生は次のようにも言っていました。


「いいか、諸君、野球は、ただ勝てばいいのじゃないぜ。特に学生野球は、からだをつくると同時に精神をきたえるためのものだ。団体競技として共同の精神を養成するためのものだ。自分勝手なわがままは許されない。ギセイの精神のわからない人間は、社会へ出たって、社会を益することはできはしないぞ。」


ここで、どちらかといえばリベラルに描かれていた今井先生の口から、「自分勝手なわがままは許されない」とか「ギセイの精神」といった強い言葉が出てきます。この説明によれば、星野君に対する懲罰は野球論よりも人生論によって正当化されているように見えます。このことが、野球のスポーツ特性に限定して「星野君の二塁打」を読み解くことを困難にしています。右のような思想が肯定的に描かれている以上、「星野君の二塁打」は命令への絶対服従、自己犠牲の精神を説く物語だという解釈は、完全に誤りだとは言えないのです。

実際、今井先生は、「星野君はいい投手だ。おしいと思う。しかし、だからといって、ぼくはティームの統制をみだしたものをそのままにしておくわけにはいかない。罪にたいしては制裁を加えなければならない」とも述べています。先生が野球ではなく社会組織一般を基準に厳罰を決めたことは明らかです。

今井先生の発言は、部分的にはうなずけるものです。学生に限らず、スポーツは「ただ勝てばいいのじゃない」ですし、チームスポーツが「共同の精神を養成する」側面を持っていることは否定できません。しかし今井先生の説教は、「共同の精神」がすぐに「ギセイの精神」へとすり替えられてしまうために、軍隊主義的な色合いを帯びることになるのです。結果として、星野君が犯した過ちには不釣り合いなほど過剰な「制裁」が加えられることになってしまいました。

懲罰について考える

ここまで考えてはじめて、今井先生の対応は適切であったかどうかを考えることができます。「ギセイの精神」というのは強すぎる言葉ですし、そもそも送りバントは「ギセイの精神」に基づくものなのかという疑問もありますので（犠牲バントという言い方もしますが……）、現代風に「アシストの精神」とでも言い換えておきましょう。星野君には「アシストの精神」が希薄だったか、少なくとも件《くだん》の場面ではそれを発揮することはできなかった。結果として彼はチームの決まりを破ってしまった。このようなとき、監督はどう対処すべきなのでしょうか。

これこそ「考え、議論する」べき事柄です。このように今井先生の立場に立って考えることで、「星野君の二塁打」は道徳の授業によりよく活かせるようになります。実際、右の発問は先に述べた最初の工夫、すなわち〈ルール作成者（ここでは監督）の立場から考えさせる〉という要件に合致しています。そして、懲罰（ペナルティー）の方法や重さをめぐり、多様な意見をぶつけあえるような状況をつくりだしてもいます。

予想される生徒の答えとして、「本人が反省しているんだから、それ以上のペナルティーは必要ない」とか、「決まりを破ったのだから、ペナルティーは仕方ない」、「それでも甲子園出場謹慎は重すぎる。せめて反省文くらいにするべきだ」などが考えられます。「部活は勝つためにもやっているのだから、その可能性を著しく低下させるような懲罰はおかしい」とか、「これまで頑張ってきた星野君自身の将来にとって、甲子園謹慎は本当にプラスになるのか？」、「星野君に対するペナルティーに納得していない生徒も多いのでは？　そうなると、チームの統制を乱しているのは今井先生のほうだ」なんて意見が出てもいいでしょう。

ちなみに、今井先生のような厳罰主義をゼロ・トレランス（寛容ゼロ）と呼びます。ゼロ・トレランスを擁護する意見として考えられるのは、「滑りやすい坂論証」と呼ばれるものです。ここでは、〈星野君に甘い顔を見せると、彼もほかのみんなもエスカレートしてしまい、チームが崩壊する〉という考えが「滑りやすい坂」に当たります。しかし、このような想定には、どれほど真実味があるでしょうか。星野君は十分反省しています。チームメイトも事の深刻さを理解しています。ミーティングで説教をするだけでは、本当に「チームの統制」を維持できないのでしょうか。大いに疑問です。

また、今井先生の対応には別の「滑りやすい坂」が待っていることも指摘しておくべきでしょう。それは恐怖政治化です。今後、この野球チームではどんな小さな命令違反に対しても厳罰が下されるようになり、これまで風通しのよかった監督と生徒の関係は壊れ、生徒は何も意見を言わなくなるかもしれません。民主的運営はこの野球部の美点でしたが、それが失われてしまうわけです。

このように考えてみると、「規律違反だから甲子園謹慎は当然だ」などとは簡単には言えなくなると思います。そこで、百かゼロか、厳罰か無罪放免かといった極端な二者択一ではなく、現実的な対応を考えることが重要です。そして単なる多様な（バラバラな）意見ではなく、価値のコンフリクトが生じるのは、最終的には一つの対応を取らなければいけないからです。

もちろん、授業時間内に結論を出す必要はありません。自分の意見を相対化し、多様な意見を比較検討し、場合によっては妥協点を模索しつつ、最終的に同意可能な一つの結論へと向かう態度が大切だからです。

5 自分自身を尊重する

「星野君の二塁打」という話を読むと、多くの人が今井先生に対して行き過ぎた指導だという印象を持つことでしょう。しかし今井先生のような思考に陥ってしまうことは、決して珍しくありません。先生は先生なりに、星野君やチームメイトのことを考えて行動していたように思います。チーム内のルールや監督命令への服従は、生徒自身が決定（同意）したものでした。その意味では、星野君は〈監督命令に服従しなかった〉というよりも、〈自分で決めたことに従わなかった〉のでした。自分自身で何事かを決定することを自己決定と言い、とりわけルールや価値に関する自己決定は自律と呼ばれますが、今井先生は星野君やチームメイトに対して「自律した人間であれ」と説こうとしていたようにも読めます。

また、軍隊的な用語を用いた説明ではありませんでしたが、「ギセイの精神のわからない人間は、社会へ出たって、社会を益することはできはしないぞ」という発言は、星野君たちの社会化（こちらは自立です）と、それによる彼らの幸福を願ってのことだったのでしょう。

もちろん、こうした善意によって彼の思想や行為が正当化されるわけではありませんし、〈子どものため〉に厳罰が下されてしまうのはおぞましいことでもあります。
次の台詞をもう一度引用しましょう。

「いいか、諸君、野球は、ただ勝てばいいのじゃないぜ。特に学生野球は、からだをつくると同時に精神をきたえるためのものだ。団体競技として共同の精神を養成するためのものだ。」

先ほどはこれを「部分的にうなずける」と評価しましたが、その理由は、スポーツという人間活動は練習・試合を含むプロセス全体にわたり、そこでどれだけプレイヤーが自己表現・自己実現をし、エンジョイできたかが重要だからです（スポーツ〔sport〕の語源であるラテン語のdeportareは「気晴らし」や「享楽」を意味していました）。そして、スポーツをよりエンジョイするためには「共同の精神」は必要ですし、結果として養われるように思われるからです。

だから「野球は、ただ勝てばいいのじゃないぜ」という今井先生の発言にはうなずけますが、しかし発言全体に対してうなずけないのは――「共同の精神」を「犠牲の精神」にすり替えてしまうという先の論点に加えて――、彼が生徒たちの充実感や喜びを目標としていないように見えるからです。今井先生の頭のなかでは手段が自己目的化してしまっており、エンジョイすることではなく「精神をきたえる」ことが学生スポーツの主目的となっているように思われるのです。

■バーター思考という悪習■

ここに働いているのはバーター（物々交換）思考です。これは〈義務を果たさない者に権利はない〉に見られる思考でもあります。「精神をきたえる」ことや「チームの統制」を乱さないことと引き換えに、選手はスポーツへの参加を認められているようです。だからこそ、精神的に未熟な星野君に甲子園謹慎を課すことが正当だと考えられてしまうのです。

最近でこそ、アスリート自身が競技の楽しさを明言するようになってきましたが、スポーツにおけるバーター思考は根深いものがあります。中学・高校における部活動はその典型で、「身体的苦痛や精神的鍛練を伴わなければスポーツをする意味がない」という感覚がつねに付きまとっているように思います。

なるほど、「星野君の二塁打」は過去の物語です。一九四七年という時代を考えれば、筆者の吉田甲子太郎がリベラルな面を持った教師像を描き出したことは、それ自体として興味深い事柄です。しかし残念ながら、このテキストは国語ではなく道徳の教科書で扱われています。つまり「星野君の二塁打」には時代を超えた教訓があるというスタンスで読解すべき授業で扱われています。

しかし、それは本当でしょうか。今井先生がバーター思考に陥っており、〈義務を果たさない者に権利はない〉という倒錯した主張を展開しているならば、それははっきりと批判すべきではないでしょうか。

彼の言動は、まさに反面教師として受け止められねばならないものです。それゆえ次に、今井先生とは違う思考回路を模索し、バーター思考から抜け出すためにはどうすればよいかという点について考えていきたいと思います。

■「自律」と「自立」■

自分で自分のルール・規律を決定し、それに従って生きるという「自律」。独立した個人として生きるという「自立」。これらは私たちの社会において重要視されている二つの価値です。学習指導要領でも、「自主、自律、自由と責任」が謳われていますね。

「自立」と聞くと、すぐに経済的自立を思い浮かべてしまうかもしれませんが、生計を維持していればそれで「自立」していることにはなりません。より重要なのは精神的自立です。他人を慮り、誰に対しても平等に接することができる一方で、自分の意見や感性をきちんと持ち、コントロールできること。これが精神的に自立した人間の振る舞い方です。

ちょっと貴族主義的に聞こえるかもしれませんね。こうした「自立」した人間は、精神的にすごく強い人であるように思えます。しかし、そうではないのです。逆説的ですが、自分自身の弱さと他者への依存を自覚することが、「自立」の条件とさえ言えるからです。有名な超絶凄腕スナイパー・ゴルゴ13が強さの秘訣を訊かれ、「死を恐れることだ」といった意味の返答をする有名なシーンがありますが、これはそうした類の逆説です。

人間はすぐに誘惑に負けてしまう弱い生き物です。運や偶然に翻弄され、「一寸先は闇」の中を生きざるをえません。だからこそ私たちは、互いに協力し合って、なんとか生き延びてきたわけです。

このことを忘れ、自分ひとりで「自律」や「自立」が可能だと考えるならば、それは驕りであり、視野狭窄《きょうさく》です。私たちは弱いからこそ自分を律して生きなければならないし、環境やほかの人びとの助けがあって、ようやく自分自身で立つことができるわけです。

だから、本当に「自律」し「自立」しようと志す人は、人間の弱さへの配慮と相互扶助の精神を欠かすわけにはいきません。バリバリと仕事をこなす一方で他人を見下し威張り散らしている人は、金や地位があったとしても幼稚な子どもにすぎません。

そして「自律」と「自立」という観点から眺めたとき、私たちの社会で最も重要な道徳的義務の一つが個人の尊重であることに気がつきます。私やあなたが個人として尊重されることではじめて、私たちは「自律」し「自立」した生き方をすることができるからです。

■リスペクト・アザーズ■

個人の尊重という言葉については、耳にタコができるほど聞いているかもしれません。しかしこの概念が他者のみならず自己の尊重を含んでいると言われると、あまりピンとこないかもしれません。

自己尊重という概念は、とりわけ日本の文脈ではもっと強調されてよい概念です。というのも、日本では他者尊重ばかりが強調され、自己が軽視されているように思われるからです。このことは、他者尊重がへりくだりや自己犠牲とセットになって語られることが多いという点に示されています。そして行き過ぎたへりくだりや自己犠牲は心身をボロボロにし、ひどいときには当人を死に至るまで追いつめてしまいます（過労死、うつ病自殺など）。それが個人の尊重の結果であれば、個人の尊重とは不道徳な概念になるでしょう。だからこれは誤解なのです。

日本文教出版の『中学道徳2』に掲載されている「リスペクト　アザーズ」は、個人の尊重について考えるうえで重要な教材です。これは一〇歳までアメリカで育った帰国子女の中学生が書いた作文であり、次のような印象的な文章が目を引きます。

> 僕は日本の小学校に通い始めた。〔……〕一番驚いたことは、みんなが他の人と大きく違わないように、なるべく同じようになるように非常に気を遣っているように見えたことである。他人よりうまくいかないから目立たないようにしているのではなく、他人よりうまくできても目立たないようにしているように感じた。僕は最初のうち、そのノリがわからず今までどおり、自分が上手く出来たことを周りの人にも伝えていたら、「それは自慢だ」と言われて、なんとも悲しい

気持ちになった[4]。

ここで示唆されているのは、〈他人への気遣いとは、自分を貶めて他人に合わせることである〉という日本の小学生の態度です。それは、自分を貶めない筆者のことを「自慢だ」と罵るような態度と表裏一体です。

ここで描かれた日本の小学生たちの振る舞いにも、バーター思考が現れています。〈相手から尊重されるためには、まずは自分が然るべき振る舞いをしなければならない〉とされているからです。

日本人はこのバーターというやつが、どうにも好きなようです。「働かざる者、食うべからず」のように、権利や尊重を何かの対価・報酬であるかのように考えてしまっているのです。

しかしそれは本当のリスペクト・アザーズではないというのが筆者の主張です。人権や個人の尊重という考えは、バーターとは相入れません。たとえば生活保護のかたちで保障される生存権は「働かざる者、食うべし」ですし、人権に先立つ義務なんてものはありません。それどころか、当人の人権こそが他の人びとや社会・国家に義務を課すのです。たとえば身体の自由とは、他者による（とりわけ国家権力による）私の身体の不当な拘束を禁ずるものです。いま名前を挙げた生活保護も、行政に生存権保障の義務があるからこそ整備されています。義務教育もまた、子どもの教育を受ける権利を保障するよう保護者・行政に課された義務に由来します。まさかとは思いますが、義務教育を受けることは子どもの義務だと思っている人はいませんよね……？

私たちの存在そのものに価値があるという点こそ、人権や個人の尊重という考え方の本質です。私たちはただ存在しているだけで尊重に値するのです。そしてそれは私たちの具体的な行為・態度・状況などによって失われることはありません。

残念ながら近年、こうした基本的な考え方が共有されなくなってきています。いじめについては言うまでもありませんが、ネット炎上で見られるように「相手に非があればいくら叩いてもよい」といった態度にも、人権や個人の尊重に対する無理解が示されています。自己責任論、ネット炎上、弱者・犯罪者バッシング……これらは日本人に染み込んだバーター思考の産物とさえ思えます。バーター思考は、日本社会の息苦しさの原因の一つなのかもしれません。

さて、他者を尊重しない行為が許されないのは言わずもがなですが、そうした行為を甘受してしまう——それも自己犠牲という美徳として甘受してしまう——こともまた問題です。私を尊重しているとはとうてい考えられない行為や状態を許容することは、相手のみならず私も私を卑下していることを意味しています。自己尊重は〈私を尊重しない行為を許してはならない〉という態度を含んでいるからです。リスペクト・アザーズにも、〈あなたも私をリスペクトせよ〉という要請が含まれているのです。

■スポーツは人権である■

それでは、どうすれば個人の尊重という価値観を育むことができるでしょうか。言い換えれば、どうすればバーター思考に陥らずにリスペクト・アザーズのマインドと思考回路を養うことができるでしょうか。

もう一度「星野君の二塁打」に戻りましょう。物語の結末は次のようになっています。

（4）坪井洸「リスペクト　アザーズ」、『中学道徳2』日本文教出版、四四頁。なお、同作文は平成二四年度「第三十二回全国中学生人権作文コンテスト」にて法務大臣賞を受賞している。

星野はじっと涙をこらえていた。いちいち先生のいうとおりだ。かれは、これまで、自分がいい気になって、世の中に甘えていたことを、しみじみ感じた。

「星野君、異存はあるまいな。」

よびかけられるといっしょに、星野は涙で光った目をあげて強く答えた。

「異存ありません。」

今井先生を中心とした若い中学生の半円は、そのまま、しばらくくずれずにいた。

はげしい太陽が、ひと気のないグラウンドをまっしろに光らしている。

この「星野君、異存はあるまいな」以下のくだりは、どの教材でもカットされているものです。星野君が厳罰を甘受するという結末は、道徳教材としてはいわば正解の部分に当たるからでしょう。しかし、これは本当に正解でしょうか。個人の尊重という観点から考えたとき、星野君は本当に「異存ありません」と答えるべきだったのでしょうか。

この問いについて考えるにあたり、次の点を考慮する必要があります。すなわち、スポーツへの参加は人権であるという点です。『オリンピック憲章』が定める「オリンピズムの根本原則」第四条には、次のように記されています。

スポーツをすることは人権の一つである。すべての個人はいかなる種類の差別も受けることなく、オリンピック精神に基づき、スポーツをする機会を与えられなければならない。オリンピック精神においては友情、連帯、フェアプレーの精神とともに相互理解が求められる。[5]

高校野球に直接関係する「日本学生野球憲章」（以下「野球憲章」）の前文にも、「国民が等しく教育を受ける権利をもつことは憲法が保障するところであり、学生野球は、この権利を実現すべき学校教育の一環として位置づけられる」[6]とあります。つまり「オリンピック憲章」では直接的に、「野球憲章」では「教育を受ける権利」を介して間接的に、学生野球への参加は人権であるとされているのです。

それゆえ、同じ「野球憲章」の「四条（学生野球を行う機会の保障および部員の権利）」では、「学生は、合理的理由なしに、部員として学生野球を行う機会を制限されることはない」[7]と明記されています。学生野球が人権であるかぎり、その参加機会を制限できる「合理的理由」は公共の福祉（つまり他者の人権侵害や人権の衝突の調整）と「野球憲章」の規定違反以外にはありえません。

もちろん、星野君の監督命令違反はどちらにも該当しません。したがって甲子園出場謹慎処分という今井先生の下した厳罰は、人権侵害以外の何物でもありません。「地獄への道は善意で敷き詰められている」という言葉がありますが、今井先生は〈子どものため〉を想って子どもの人権を侵してしまっているのです。

公平を期すために付言しますが、「星野君の二塁打」が発表された一九四七年当時には、「オリンピック憲章」および「野球憲章」に引用した条文は存在しませんでした。したがってスポーツは人権で

（5）公益財団法人　日本オリンピック委員会『オリンピック憲章』（二〇一八年版）、一〇頁。
（6）「日本学生野球憲章」二〇一七年二月二七日改定、http://www.jhbf.or.jp/rule/charter/（二〇一九年七月現在）。
（7）同右。

あるという観点を持ち出すことは時代錯誤かもしれません。なにしろ、基本的人権の尊重を謳う日本国憲法でさえ、「星野君の二塁打」が発表されるわずか三か月前に公布されたぐらいですから――そしてもちろん、憲法にはスポーツを人権ととらえる規定はありません――、今井先生の人権無視を責めるのは筋違いかもしれません。

しかし同テキストを文学作品として評価するのであればとにかく、道徳教材として用いる以上、今を生きる私たちの価値観に即して議論していく必要があります。それゆえ、あえて時代背景を度外視し、現代の目線から考えるほうが目的に適っています。

脱線ついでに補足しますが、前で引用した「野球憲章」は二〇一〇年に全面改訂されたものです。改定の理由は次のように説明されています。「これまでの前文の理念を引き継ぎつつも、上述のように、学生野球の枠組みを学生の「教育を受ける権利」の問題として明確に捉えなおさなければならない」[8]。言い換えれば、日本高等学校野球連盟（高野連）は最近になってようやく〈スポーツは人権である〉ことを公式に認めたわけです。

このように時代はどんどん進んでいます。「星野君の二塁打」を道徳教材として用いるのであれば、近年の動向についても教えなければフェアではないと考えます。

人権の主体は「人格」である

確認してきたとおり、星野君はチームの規律を破りました。先生の話を聞きながら、彼は大いに反省しています。しかしそれでも、今井先生の提案に対し、「異存ありません」と答えるべきではありませんでした。それは過度の厳罰であり、人権侵害だからです。自分自身を襲う人権侵害に対してはきちんと反対の声をあげることが、道徳的に正しい対応です。チームメイトもまた、この人権侵害を見過ごすべきではありませんでした。

これはリスペクト・アザーズと自己尊重の観点から見れば当然の帰結ですが、受け入れがたいと感じる方も多いのではないでしょうか。「悪いことをした奴が居直るのか、図々しい」と。しかし「罪を認めた以上は罰についても文句を言うな」といったオール・オア・ナッシング型の議論もまた、バーター思考の産物にほかなりません。

なぜ人は往々にしてバーター思考に陥ってしまうのでしょうか。その一つの原因として、「人格」に対する無理解があるのかもしれません。

他者とコミュニケーションするさい、私たちは彼・彼女がどういう「人物」であるかに気を配ります。年齢、性別、職業、家族構成、趣味趣向、学歴、見た目、笑いのツボや不快になるポイント（しばしば「地雷」と言いますね）などなど。しかし、相手の人物像をいくら突きつめていっても、「人格」には行き当たりません。「相手が誰であり、どういう人物であれ、一人の人間にほかならない」と認めたときにはじめて、相手を「人格」として認めることになるからです。「人格」は、私たちの具体的・現実的な性質を取り去った後でも残る抽象物にほかなりません。

このように「人物」と「人格」は地続きではありません。「人物」は目に見えますが、「人格」は目に見えませんし、感じることもできません。それゆえ「人格」を認めることは、子どもにとっては難しいようです。「だってアイツ、キモいんだもん」とか「アイツはなんとなく気に食わない」などといじめっ子が言う場合、相手を具体的な性質（性格）を持ったアイツとしか見ておらず、抽象的な「人格」と見なすことが——少なくとも、それに見合う扱いをすることが——できていないわけです。

（8）同前。

この抽象的な「人格」をどうわかりやすく生徒に理解させるかが、「特別な教科　道徳」の最大の課題でしょう。

言うまでもないことですが人権の主体は「人物」ではなく「人格」です。リスペクト・アザーズの言う「アザーズ」もまた「人格」です。私たちはどういう「人物」であれ、「人格」として人権を持つのです。この関係を理解せず、「人物」を人権の主体としてしまうと、ほとんど必然的にバーター思考に陥ってしまいます。「立派な人物」や「まともな人物」にしか権利は与えられないよ、という発想に行き着いてしまう（あるいはそれに反論できない）ことは、目に見えているからです。

逆に言えば、バーター思考に陥ることなく個人を尊重し、人権を遵守するためには、個人を「人格」と見なすことが重要です。私もあなたも「人格」であり、そのかぎりで平等に尊重されるべき存在なのです。

6 自己は主であり、他は賓である――結びにかえて

以上、長々と論じてきましたが、「それでも自己犠牲は大切であり、道徳として教えるべきだ」と考える方もいらっしゃるかもしれません。なるほど、人類の罪を背負って磔《はりつけ》になったイエス・キリストは言うに及ばず、人びとや世界あるいは国家を救うために命を賭すという設定は、映画や小説、漫画においては定番化しています。そうした物語に涙するのも人情でしょう。

自己犠牲がときに美しいことは、否定すべくもありません。にもかかわらず、これまで述べてきたことに加え、さらに二つの理由から自己犠牲を道徳と認めることはできません。

第一に、私たちは物語の主人公たちの信念の尊さや意志の強さに感動するのであって、自己犠牲そのものに感動するわけではありません。自己犠牲は行為の目的ではなく手段あるいは結果であり、いわば行為の尊さを際立たせるためのスパイスにすぎません。

第二に、自己犠牲とはそもそも他人に強いるようなものではありません。映画や漫画の主人公たちは、まわりが止めても死地に赴くものです。それは強制や命令による自己犠牲とは違います。

また、「自己犠牲の精神がなくなると、人間は自己本位になり社会が成り立たなくなる」と考える人もいるようですが、それも違います。たとえば「他者に親切にしろ」というのは自己犠牲ではありません。この親切はあくまでも「自分にできる範囲で（自分を犠牲にしない範囲で）」行うべきものだからです。夏目漱石は自己本位とは何かを説明し、「自己が主で、他が賓である」[9]という金言を残しています。あくまでも自分が自分の主人であり、そのうえで他者を客人として敬いもてなすべきである、というのが漱石の論旨です。だからむしろ、私たちは積極的に自己本位になるべきです。そのほうが、いまよりずっとよい社会がつくれるのではないでしょうか。

これとは反対に、自分を貶めへりくだるような他者尊重、強制の下で支払われる自己犠牲は、自己を奴隷、他者を主人と考えるような態度です。「奴隷になりなさい！」と教えることが道徳教育であるというのは、不気味な転倒と言うよりほかにありません。「特別な教科　道徳」を通じて生徒を奴隷にしたくないならば、自己犠牲の道徳には断固反対しなければなりません。

（9）夏目漱石「私の個人主義」（『漱石文明論集』岩波文庫、一九八六年収録）、一一六頁。

コラム①

道徳主義にご用心

歴史学者の安丸良夫さんは、ある著書のなかで、勤勉・倹約・孝行・忍従といった「通俗道徳」は江戸後期になって農民層に根づいたことを明らかにしました。私たちが日本の伝統的美徳と考える価値観が圧倒的多数の日本人に共有されるようになったのは、ずいぶん最近のことなのですね。しかもその理由は、これらの美徳が素晴らしいからではありません。当時、「封建権力と商業高利貸資本による過酷な収奪」によって農民たちの貧困化が進んだために、新たな価値観の習得を余儀なくされたからです。つまり、「人々に否応なく思想形成をうながしたのは、こうした特性を身につけなければただちに自分の家なり村なりが没落してしまうという客観的な事情だった」のです（安丸良夫『日本の近代化と民衆思想』平凡社ライブラリー、一九九九年、三〇－三一頁）。

当時の農民たちは、言ってみれば社会問題を個人の道徳によって乗り越えようとしたわけです。しかし、こうした道徳主義は結局のところ〈お上（政府）はよくやっている、悪いのは自分だ〉という政府礼賛／自己責任の論理に終わってゆきます。安丸の言うように、「貧富をうみだす客観的な仕組はたえず見えにくいものになってゆき、〔……〕貧しい人々は、経済的な劣敗者であるだけでなく精神的な劣敗者」（同上、一一三頁）になってしまった。

歴史は繰り返すとはよく言ったものです。構造的・政策的につくられた貧富の差を「勝ち組」「負け組」と呼ぶことで、あたかも個人の責任であるかのように思い込ませる現代日本社会。そこでもまた、政府礼賛と自己責任の意識がますます広がっています。こうした意識を相対化し、「客観的な仕組み」に目を向けるようなマインドを育てることも、道徳教育の重要な役割です。

具体的にどうすべきか。安丸さんの言葉にヒントがあります。「真に変革的な意識は、なんらかの意味でみずからの内面的なものにたいする信念や誇りに基礎づけられねばならない」（同上、一一六頁）と。そうした信念や誇りを育むことが、スタート地点ではないでしょうか。

社会の問題を個人の問題にすり替えるのは、もう止めにしませんか。

（小谷英生）

ACT

第 4 幕

「人」とは何か、あるいは誰か、考えてみよう

主として人との関わりに関すること

藤谷　秀

1 道徳の授業「人との関わり」——頭を悩ますアダチ先生

アダチ先生、モラルネコと遭遇

部活の指導で遅く帰宅したアダチ先生が、ふうっとため息をつきながら家に入ると、いきなりそこに二つの光った目。「わわっ、何だ、何だ」と思わず叫んだが、光った目はじっとこちらを見つめている。あわてて灯りをつけると、そこにいたのは一匹のネコだった。どうやって家に入ってきたのか、とにかく追い出そうと玄関のドアを開け、手で追い払う仕草をしたものの、ネコはまったく動じず座り続けている。「おいおい、何なんだよ」と口走ると、ネコの口から「あらあら、そうあわてないで。今日も、お仕事ご苦労さま」という言葉が。「ネコがしゃべった!」と仰天したものの、アダチ先生はよくよくネコを見て思い出した、「ああ、ヤマナシ先生のところにいたしゃべるネコだ、何とかっていう名前を名乗っていたな」。


「ヤマナシ先生?　どなたかしら?」

「えっ、ちがうのか。たしか名前が……」

「あたし、モラルネコっていいます」

「そうそう。名前も同じじゃないか、やっぱりヤマナシ先生とこのネコじゃない?」

「あたしと同じ名前のネコ?　誰だろう、その子……」

「まぁ、いいか。それで、何しに来たんだい?」

「アダチ先生が道徳の授業をすると小耳にはさんで、興味を持ちましたの」

「え、なんで知ってるんだ？　それにしても、道徳の授業に興味を持つなんて変なやつ」

「なんたってモラルネコですのよ、あたし、ん、あたしたち？」

「ふうん、変なネコがいたもんだ。でも今晩は授業の準備をしなきゃならないので、つきあってられないんだけど」

「それは残念ですわ。ちなみに、授業のテーマは何かしら？」

「おいおい、こんな夜更けにモラルネコかよ」

「そのシャレはいまいちですわ。まぁそれはともかく、授業のテーマは？」

「しょうがないな、ちょっとだけだよ。「人との関わりに関する道徳」っていうところなんだよ」

「それは面白そう！　あたしも人という生き物にはお世話になってるし、とっても興味がありますわ」

「それって「ヒト」のことでしょ。ネコとイヌとかの動物と区別された「ヒト」、正式にはホモサピエンス」

「なんだか偉そうな言い方ですわねぇ。「ヒト」だって、しょせん動物でしょうに」

「それはそうだけど、ぼくたち「ヒト」というのは、他の動物よりずっと優れた知性、サピエンスがあって、お互い知恵を出し合い協力して生活しているんだ」

「ふうん、それで、道具をつくって地球上のいたるところに適応し、七〇億匹も繁殖したってわけですのね」

「ほほぉ、よく知ってるね」

「ネコだからって、ばかにしないでくださいな」

「でも、七〇億匹じゃなくて、七〇億人と言ってほしいな」

「あらまぁ、なんで「ヒト」だけ何とか人で、あたしたちネコやイヌ、お仲間のサルまでも、みんなひっくるめて「匹」とか言うのかしら。やっぱり偉そうな動物ですわ。それはともかく、「人との関わりに関する道徳」というのは、あなたがたがホモサピエンスと名づけた動物の間で、一匹のホモサピエンスが他のホモサピエンスとどう関わるかということを教える授業なんですね。サルの群れでどんなルールがあるのか、みたいな。あっ失礼、一人のヒトが他のヒトと言わなくちゃいけなかったかしら」

「いやいや、そういうことじゃないよ。子どもたちは、親とか友だちとか先生に関わりながら生活しているわけだけど、そういう人たちとどう関わるべきかを考えさせるんだよ」

「それだって、サルの群れのルールみたいなものでしょ。ボスとの関わり、力関係であまり差がないサルどうしの関わり、オスザルとメスザルとの関わりとか」

「でも、どう関わるべきかなんて、サルは考えたりしないでしょ。人間はそうじゃない。何が正しく何が間違いかを考えて行動できるんだよ。理性がある動物ってとこかな」

「またまた偉そうに。でも、考えて行動できる理性的動物というわりには、おかしなことばかりやってきたんじゃありませんの？　たとえば、戦争でヒトがヒトを殺したり、過労死するほど働かせたり、親が子どもを虐待したり、生徒どうしでいじめたり。人と人の関わりなんて問題だらけじゃありませんか」

「だからこそ、道徳の授業が大事なんだよ。そういう問題をなくしていくために」

「ええっ、本気でそう思ってらっしゃるの？　「思いやりは大切だから、みんな思いやりの心を持ちましょう」と教えれば、みんなそうなるとでも？」

「いや、まぁ……確かにそうなんだけど」

「道徳の授業は、「考え、議論する道徳」だそうじゃありませんか。だったら、たとえば「人との関わりに関する道徳」でいう「人」って何だろうとか、考えたほうがいいんじゃないのかしら」

「そんなことは「学習指導要領」には書いてないよ」

「変な話ですわねぇ。「人との関わりに関する道徳」なんだから、「人」とか「人との関わり」が何かというのが、大前提の問題だと思いますわ」

「そうかもしれないけど、「学習指導要領」では、礼儀とか思いやり、支え合いとか感謝なんかについて教えることになっている」

「ふうん、先生自身は考える必要はないってことですの？」

「そんなことはないけど」

「じゃあ、せめて生徒が「人」をどんなふうに理解しているか、訊いてみてから授業をやってみてはどうかしら」

「なるほど。でも「人」とは何かなんて、難しい哲学の問題じゃないか。そんなの中学生の子どもたちに考えられるのかな」

「あらあら、日頃生徒と関わっている先生のお言葉とは思えませんねぇ。子どもは未熟で理解が浅いなんて決めつけていいのかしら？　子どもは小さな哲学者と言った人もいたように、大人の目には見えてないことも子どもには見えてるかもしれないじゃありませんか」

「確かにそうだね。じゃあ、この授業の導入で、「人」をどんなふうに理解しているか、訊いてみることにしようか。うまくいくような気はしないけど……」

■アダチ先生、生徒に問いを投げかけてみる――「人」って何？　誰？■

こうしてアダチ先生は、（自信なさげに）翌日の授業にのぞんでみた。

アダチ先生　今日からの「道徳」の授業では、「人との関わりに関する道徳」について考えます。最初に、教科書に入る前に、みんなに訊きたいことがあるんだ。「人との関わりに関する道徳」なんだけど、その「人」ってみんなはどういう意味だと思う？　「人」って何だろう、誰のことだろう？

（誰の手も挙がらない）

アダチ先生　リョウくんはどう思う？

リョウ　そんなの、わかりきったことだと思います。みんな「人」なんだから。なんでそんなことを訊くんですか。

アダチ先生　先生も当たり前と思っていたんだけど、考えているうちにわからなくなってね。この教室にいるのは、みんな人ってことだよね。

タケシ　先生は違うんじゃない、サイヤ人！

（何人かの笑い）

アダチ先生　おいおい、先生はかめはめ波は使えないし、瞬間移動もできないよ。

サヤカ　そういえば、先週の社会科の授業で「黒人公民権運動」のことを習ったんですけど、先生が配ってくれたプリントに「I AM A MAN」て書かれていて、不思議に思いました。日本語に直すと「私は人です」、ですよね。

アダチ先生　おっ、さすが英語の勉強もできてるね。
サヤカ　あのぅ、これくらいの英語はみんなわかりますよ。
アダチ先生　ごめん、ごめん。それはどういうことだったの？
サヤカ　あたしはあんまり覚えてないんで、社会が得意なマサオくん、お願いします。
マサオ　ええ、そんな……ううん、えーっと、アメリカ合州国の話なんですけど、アメリカは大勢のヨーロッパ人がアメリカ大陸に移住してつくった国の一つです。最初、アフリカの人たちを連れてきて、奴隷として働かせたんです。その後、奴隷は解放されて白人と同じ権利を持つことになったはずなんだけど、なかなか差別はなくならなかったので、黒人の人たち、今はアフリカ系アメリカ人の人たちと言うそうなんですが、五〇年くらい前に、白人と同じ権利を求める運動が起こったんです。そのとき集まった人たちが掲げていたプラカードに「I AM A MAN」と書かれていて、社会科の先生がその写真を見せてくれました。あと、リーダーの一人だったキング牧師という人が暗殺されてしまって、それからちょうど五〇年たった二〇一八年に、「I AM A MAN」と書かれたプラカードを持って大勢の人が集まり、その写真も見せてくれました。
アダチ先生　みんな「人」なのに、わざわざ「私は人です」というのはおかしくないですか。
サヤカ　みんな同じ「人」のはずだけど、「人」として扱われていないということじゃないんですか。
アダチ先生　なるほど。じゃあ、他の人を「人」として扱うというのは、どういうことだと思う？
たとえば、みんなが先生のことを「人」として扱うとか。
タケシ　そんなの、先生は偉いんだから、「人」として扱われているのは当たり前じゃないですか。
それより、先生も生徒を人として扱わなきゃいけないんですよね、それってどういうことですか。
アダチ先生　ウウム（たじたじ）……みんなのこと、一人ひとりを大切にするってことかな。一人ひとりの命はもちろん、一人ひとりの気持ちや考えを大切にするっていうこと。
（教室が少しざわつく……）
タケシ　やっぱ、先生ってサイヤ人じゃない。こんなに大勢の生徒一人ひとりのことまで考えられるんだから。
アダチ先生　ちゃんと考えてるんだよ……いたらないところはあるかもしれないけど。
サヤカ　先生のそういうところ、好きです。
（「おぉー」と歓声）
アダチ先生　まぁまぁ。それはともかく、ほかに「人」について思い浮かんだ人はいるかな？
マコ　そう言われれば、思い出しました。わたしのお母さんは労働基準監督署ってところで働いているんですが、前にどんな仕事か訊いたとき、確か、働く人が「人たるに値する生活」だったかな、それを守るための仕事だって言ってました。
アダチ先生　合ってますよ。「労働基準法」という法律があって、「労働条件は、労働者が人たるに値する生活を営むための必要を充たすべきものでなければならない」と定めているんです。マコさんのお母さんは、とても大事な仕事をしてるんだね。
リョウ　さすがアダチ先生！
アダチ先生　先生だって労働者なんだからね。
リョウ　でも、「人たるに値する生活」ってどういうことですか？
アダチ先生　人としてふさわしい生活、人間らしい生活ということかな。
マサオ　さっき話した奴隷で言えば、奴隷の生活はとても人間らしい生活とは言えないということですよね。自由が全然なくて、奴隷主の言いなりで働かされていたんだから。今の「日本国憲法」では、「すべて国民は、個人として尊重される。生命、自由及び幸福追求に対する国民の権利については、公共の福祉に反しない限り、立法その他の国政の上で、最大の尊重を必要とする」と習いました。一人ひとりが自由に生きて幸せになろうとすることを、国はもちろん、お互いに大切にしなきゃいけないってことですよね。実際にそうなっているとは思えないけど。

サヤカ　さすが社会科のマサオくんだよね。あたしなんか、全然覚えてなかったよ。でも、ちょっと気になる、「すべて国民」ってとこ。

アダチ先生　ん、どういうところ？

サヤカ　いいのかな……えーっと、ジュラちゃんは、日本人じゃないから、「国民」から外れるのかなって。

（ジュラは、突然みんなの注目が自分に集まったのを感じて、うつむいてしまう）

マコ　日本人とか外国人とか関係ないんじゃないかな。さっきの、「労働基準法」でしたっけ、国籍は関係ないってお母さんは言ってました。だから憲法も、「個人として尊重される」のは日本人だけなんて言ってないと思う。

アダチ先生　そうだね。「個人として尊重」というのは、「基本的人権」、つまり人間としての権利なんだから、日本人と外国人の間で差別があっちゃおかしいよね。日本人とか外国人とか関係なく、みんな人間なんだから。

リョウ　先生、話が最初に戻っちゃったんじゃないですか。「人」とか「人間」って何だろうって。

アダチ先生　うむうむ、そうだよね。今日は話がいろいろ広がったけど、「人との関わりに関する道徳」を考えるとき、「人」って何だろう、誰のことだろうって、考えてみてほしいんだ。何か考えたことや気になったことがあれば、また聞かせてね。……

（授業後、ジュラのところに何人かの生徒が集まる）

サヤカ　ジュラ、ごめんね。授業であんなこと言っちゃって。

マコ　ホント、サヤカは思ったことをすぐ口に出すんだから。

ジュラ　ううん、気にしてないよ。いつもそんなこと意識しないでみんな仲良くしてるけど、あらたまって日本人とかの話になると、ちょっと緊張しちゃう。

マサオ　どうして日本人か外国人かみたいに、分けようとするんだろ。ジュラはジュラなのにね。

マコ　わたしたちが分けてるわけじゃないけど、国が分けてきた歴史とか、国と国の関係とかがあるからじゃない。

マサオ　そうだよなぁ。今度、社会科の先生に訊いてみるよ。

2　「人」とは何？　誰のこと？

アダチ先生の授業を少しのぞいてみましたが、やはり道徳の授業は悩ましいですね。先生自身がしっかり考えないといけないですし、生徒一人ひとりの思いに触れる部分がけっこう出てきます。そこで、少し立ち止まって、「人との関わりに関する道徳」とやらについて考えてみます。

確かに、人は他の人に対して何をすべきか、何をしてはいけないのか、ということが道徳の中心におかれることが多いです。かりにこの世界に自分しか存在していないとしたら（そんな世界で「自分」という存在、あるいは「自分」という意識がありうるのか疑問ですが）、道徳は問題にならないように思われます。「困っている人を助けなければならない」、「相手の身になって考えなければならない」、「嘘をついてはならない」、「人を傷つけてはならない」、「人を殺してはならない」などが道徳の代表的な例としてあげられますが、いずれも「人（他の人）との関わり」に関する事柄です。古来、「道徳の黄金律 Golden Rule」とされてきたのは、「自分にしてほしくないことを他の人にしてはならない」、あるいは「自分にしてほしいことを他の人にもしなさい」という教えでした。キリスト教の『新約聖書』には「人にしてもらいたいと思うことは何でも、あなたがたも人にしなさい」（「マタイによる福音書」）とあり、古代中国の孔子は「己所不欲勿施於人（己の欲せざる所、人に施すことなかれ）」（『論語』）と述べていました。これに対して、他の人に対してだけでなく、自分自身に対する道徳的義務があるという考え方もありますが——たとえば一八世紀のドイツの哲学者カントがあげた「自分を殺してはならない（自殺してはいけない）」「自分の能力を高めなければならない」など（『道徳形而上学原論』篠田訳、岩波文庫、八七-九〇頁）——、それについての議論はさておくとして、一般に道徳問題の中心に「人（他の人）との関わり」がおかれることは確かでしょう。

　ただ、すぐに疑問に思うのは、ここで言われている「人」とは何か、あるいは誰のことかということです。いやいや、そんなことはあまりにもわかりきったことではないかと言われるかもしれません。しかし、わかりきったこと、誰もが知っていると思われていることも、い

ざ説明しようとすると、けっこう難しいのではないでしょうか。古代ギリシャの哲学者ソクラテスの「無知の知」[1]という眼差しをもって考えてみましょう。私は、この「人」という言葉には、いろいろな意味が混じり合っているように思います。そのため、「人」をどんな意味で理解するかによって、「人（他の人）との関わり」に関する道徳も変わってくると思うのです。そこで、「人」のいろいろな意味合いを少しだけ解きほぐしてみたいと思います。

■さまざまな「人」の意味――ヒト、世間、仲間■

「人」は、生物としての「ヒト（現生人類 homo sapiens sapiens）」という意味を持っています。およそ二〇万年から三〇万年前、アフリカ大陸で出現した現生人類は、やがて地球上の各地に移動して繁殖し、現在では七〇億を超えるヒトが生存していると言われています。「人」をこのような意味でとらえると、「人との関わり」に関する道徳とは、アダチ先生との会話でモラルネコも言っていたように、生物としてのヒトが進化の過程で発達させてきた、お互いの関わり方を律するルールのようなものとなるでしょう。サルの群れを観察して明らかにされる、仲間どうしの振る舞い方のルールのようなものです。そうすると、道徳は一種の自然法則（生物法則）になりますが、これではわざわざ道徳について考えたり問題にすることにあまり意味はないことになります。考えるまでもなく、私たちは法則に従わざるをえないのですから。ヒトも含めた地球上のすべての物が、重力の法則に従わざるをえないのと同様です。しかし道徳は、それが指図したり命じたりすることに反することがあるのを前提としていますから――たとえば「人を殺してはならない」は「人が人を殺すこともある」ことを前提としていますから、自然法則のようなものと理解するのには無理があるのではないでしょうか。「人」には生物としてのヒトという意味も含まれていることは間違いないとしても、道徳問題における「人」はそれ以上の意味がありそうです。

「人の振りみてわが振り直せ」という日本語の格言があります。この「人」は、自分ではない他の「人」という意味ですが、なぜ他の人の振る舞いから、自分の振る舞いに目を転じられるのでしょう。たとえば、電車の中で友だちどうし大声でしゃべっている人たちに対して、うるさくて迷惑だと思う自分がいます。そこでハタと思い当たります。自分も周りの人たちのことを顧みず大声でしゃべっていなかっただろうか。ならば、周りの人のことも考え、大声でしゃべらないようにこれから気をつけよう。ここには、いま目の前にいる人たちの振る舞いと、これに対して自分の抱いている不愉快さがあるのですが、それが「一般に周りの人の迷惑になるような行為は悪である」という考えに転じています。そんなの当たり前のモラルじゃないかと言われそうですし、この例だと確かに当たり前かもしれませんが、この「一般に周りの人」というのはけっこう曲者《くせもの》だと思います。たとえば、混雑した電車にベビーカーを乗り入れる人はどうでしょうか。あるいは車いすで乗ってくる人はどうでしょうか。自分自身も含めて、わざわざこんなに混んでる電車に乗ってこなくても、と思う人もいるのではないでしょうか。今は昔の私事ですが、幼い子どもを連れて電車に乗るときは、ひと苦労してベビーカーを折りたたみ、周りに気を遣ったものでした。混んでいる電車にベビーカーをそのまま乗り入れられ

（1）ソクラテス「無知の知」

ソクラテス（Socrates、BC四七〇頃－三九九、古代ギリシャ時代のアテナイ）は、知恵者と言われている人たちとの問答を通して、彼らは本当は知らないのに知っているつもりになっているが、少なくとも自分は知らないことを自覚していることに思い至ります。「自分は知っている」と思っている人びと（私たちもたいていそうかもしれません）を当惑させそうな、あるいは反感を買いそうな考えですが、「無知の知」の自覚から、知ることを愛し求める営み（哲学 philosophia）が始まるとも言えるでしょう。

たら迷惑だと思う自分がいて、自分自身が子どもを連れているときは気をつけようと思っていたのです。あるいは、車いすで電車に乗ってくる人を見かけることなど、ほとんどありませんでした。障がい者が「普通に」町で出歩くこと自体が、人に迷惑をかけることになると思われていたのです。話は少しそれますが、東京など大都市の電車の混み具合は尋常ではないと思います。そんなところで生活していると、その異常さに対する感覚がマヒして、「周りの人」の振る舞いばかりが気になってしまうのでしょう。こんなに人口を集中させ、満員電車で通勤・通学させている社会のありようを、なんとか変えていくべきだと考えたくなります。目の前の「人」の振る舞いの背景にある、社会のありようにも目を向けるべきだと思うのです。

話をもとに戻すと、「周りの人」というのは、日本語特有の「世間」という意味合いを持っているように思います。「世間」とは誰か特定の「人」ではなく、誰もがそれであるような、したがってまた誰もがそれではないような「人」です。「人」であれば、どんな「人」もそれに従うのが当たり前となっているものです。二〇世紀のドイツの哲学者ハイデガー[2]は、こんなふうに書いていました。「われわれは、ひとmanが楽しむとおりに楽しみ興ずる。われわれは文学や芸術を読んだり見たり判断したりするのも、ひとが見たり判断したりするとおりにする。だが、われわれが『群衆』から身を退くのも、ひとが身を退くとおりにするのであり、われわれは、ひとが憤激するものに『憤激する』のである」（『存在と時間』原・渡辺訳、中央公論社『世界の名著74』二四〇頁）。ドイツ語の「man」と日本語の「人」や「世間」との違いはあるとしても、右の文中の「ひと」を「世間（の人）」に置き換えてみれば、思い当たるところも多々あるように思います。「人」がこの鵺《ぬえ》のような「世間」とか常識という意味を持つのであれば、先のベビーカーや車いすの例からもわかるように、それは時代とともに変化します。だとすれば、「人との関わり」に関する道徳について考えるとき、世間の常識への疑いという視点を持つことが重要ではないでしょうか。

また、この「世間」にも密接に関係することですが、「人」には、同じ集団や共同体の一員という意味合いもあります。「日本人」などの「○○人」という言い方に典型的に現れています。「人はみな誰でも」というのは、往々にして同じ集団の一員なら誰でもという意味です。「困っている人を助けなければならない」、「相手の身になって考えなければならない」、「嘘をついてはならない」、「人を傷つけてはならない」、「人を殺してはならない」などの道徳が、同じ集団や共同体の一員（くだいて言えば仲間）なのだからという意味を持って言われることがあるのです。逆に言えば、同じ集団や共同体の一員ではない「人」に対しては、そのような道徳を守る必要はないということになります。これは、歴史を振り返るとそんなに珍しいことではないことに気づかされます。たとえばアジア太平洋戦争において、日本にとっての敵国人は「鬼畜米英」であって、「人との関わり」に関する道徳の「人」ではありません。そうした存在に対しては、助けないどころか、嘘をついたり傷つけたり殺したりすることさえ道徳に反することではなかったのです。これに対して、同じ日本人どうしでは、嘘をついたり傷つけたり殺したりすることは、もちろん道徳に反することでした――「同じ日本人」と言いながら、そのなかでも歴然とした差別があったことは忘れないようにしたいですね。あるいは、かつて世界中を植民地化した欧米諸国のなかには、先住民の人びとから暴力的に土地を奪ったり、アフリカ

（2）**ハイデガー**（Martin Heidegger、一八八九 - 一九七六、ドイツ）
私たちがあまりにも当たり前だと思っている「何かがある（存在する）ということ」について、それっていったいどういうこと、と問い続けた哲学者。雲をつかむような話にも聞こえますが、自然、世界、社会、他者、自己などのあり方への問いかけにもなるため、二〇世紀の哲学に大きな影響を与えました。なお、ハイデガーがナチスに親近感を持っていた時期があり、このこととハイデガー哲学との関係が問題にされています。

の人びとを奴隷として酷使した、したがって「人」として扱わなかった国があったことを思い出してもよいと思います。そうした国々も、同国人の間では、嘘をついたり傷つけたり殺したりすることを禁じる道徳が通用していたのです——こちらも同国人なのに人間扱いされていない人びともいました。ですから、「人との関わり」に関する道徳の「人」が、同じ集団や共同体の一員であるかぎりでの「人」になっていないかどうか、よく考えてみる必要があると思います。

■「私は人間」——人間扱いされない現実のなかで■

ここまでは、かなり疑い深い目で「人」の意味を見てきましたが、逆に、世間や共同体の常識に立ち向かう積極的な意味を持つ場合もあります。アダチ先生の授業で生徒が発言していたように、一九六〇年代のアメリカ合州国で、アフリカ系アメリカ人の人たちが掲げたスローガンの一つが、「I AM A MAN（私は人です）」でした。この「MAN（「人」あるいは「人間」）」に込められた意味は、これまで見てきた「人」の意味とは明らかに異なっていますね。今からおよそ二四〇年前の一七七六年、イギリスの植民地だった北アメリカの諸州が独立を宣言して、アメリカ合州国の歴史が始まりました。そのときの『独立宣言』にはこう書かれていました。「われわれは、以下の事実を自明のことと考えている。つまりすべての人 all men は生まれながらにして平等であり、すべての人は神より侵されざるべき権利を与えられている、その権利には、生命、自由、そして幸福の追求が含まれている」。これは、近代的な人権（人間としての権利 Human Rights）の宣言として有名ですが、「すべての人 all men」には当時の奴隷たちは含まれていませんでした——先住民や女性、子どもなども。奴隷は「人 man」として扱われていなかったのです。こうした差別的な関係があり、「すべての人」から排除された「人」がいるからこそ、「I AM A MAN（私は人です）」という言葉が意味を持つのだと思います。

もう一つ例をあげておきます。一九世紀のノルウェーの劇作家イプセンが書いた『人形の家』では、夫に人形のように愛され、妻として母として生きるノラという女性の生き方が描かれていますが、最後にノラは夫に向かって「わたしは何よりもまず人間です、あなたと同じ人間です」（『人形の家』竹山訳、岩波文庫、一五〇頁）という言葉を発し、家を出ていきます。この言葉が意味を持っているのも、男女の間に差別的な関係があり、たとえ女性が妻や母として価値ある（「生産性」のある?）存在だとされていても、「人間」として扱われていない現実があるからです。

このように、「人」や「人間」という言葉は、社会的に差別されている人たちの、私もあなたと対等な存在であり、社会的に平等な人間として尊重されるべきだという主張を表現しています。それは、どんな人であれ、誰もが個人として尊重されるべきだという思想につながっていて、たとえば『日本国憲法』第一三条の「すべて国民は、個人として尊重される」という表現にも反映されています。「人との関わり」に関する道徳の「人」をこのような意味で理解するなら、「人との関わりに関する道徳」を現実に即して考えることは、人が個人として尊重されていない現実の問題を考える手引きにもなると思います。

以上、「人」のいろいろな意味合いを解きほぐそうと試みましたが、むしろ問題を噴出させてしまったかもしれませんね。しかし、教科としての道徳が「考え、議論する道徳」であるのなら、考えや議論の始まりには問題があるはずです。このような問題を意識し、問題を発見する材料として、道徳の教科書を読んでみてはどうでしょうか。

3 『私たちの道徳　中学校』を読む

　アダチ先生は、今日も遅くまでパソコンを前に、「人との関わり関する道徳」の授業計画づくりに没頭していた。ふと背中に何かの気配を感じて振り向くと、そこに例のモラルネコが。


「わ、びっくりした。ネコみたいに忍び寄らないでよ」

「あのぅ、あたしネコなんですけど」

「そうだった……」

「毎晩遅くまでお仕事、大変ですわねえ」

「担任だから、道徳の授業もしなくちゃならないんでね、ネコの手も借りたいくらいだ」

「あら、あたしの手ならいつでもお貸ししますわ。それにしても、国語とか数学の先生はいるのに、道徳の先生っていらっしゃらないの？」

「そうなんだよ、そこが他の教科と違うところなんだ。うちの学校は、日頃生徒に一番接している担任がやることになったんだ」

「担任といっても、大学で道徳とか倫理について勉強した先生とは限らないんじゃありません？」

「まぁ、そうだね。ぼくはたまたま大学で倫理学の授業を受けたけど」

「だったら、その倫理学とやらを勉強した人が担当すればいいのでは？」

「そうかもしれないけど、倫理学は道徳哲学ともいって、哲学なんだ。でも、哲学と、今度の道徳の『指導要領』はずいぶん違うんだよ」

「へぇ、ちょっと「指導要領」を見せてもらってもいいかしら？」

「「指導要領」はごちゃごちゃ書いてるんで、教科書の手引きになっている文科省の『私たちの道徳　中学』の目次を見れば、だいたいの感じがわかるかも」

（アダチ先生が『私たちの道徳　中学校』（文部科学省）を渡すと、モラルネコは器用にページを開いて、目次の部分に目を通した）

『私たちの道徳　中学校』（文部科学省）目次

2　人と支え合って

（1）礼儀の意義を理解し適切な言動を

（2）温かい人間愛の精神と思いやりの心を

（3）励まし合い高め合える生涯の友を

（4）異性を理解し尊重して

（5）認め合い学び合う心を

　読み物　言葉の向こうに

（6）人々の善意や支えに応えたい

　読み物　帰郷

　○支え合い共に生きる

「あらあら、問題ではなくて、なんだか答えが並んでるみたいですわねぇ」

「そうなんだ、礼儀を大切にしよう、思いやりの心を持とう、異性を理解し尊重しようとか、そういうふうになってるね」

「それに、子どもたちにしてみれば、小さい頃から言われてきたことばかりじゃないのかしら」

「確かに」

「これについてどうやって考えたり議論したりするのかしら？」

「いろいろ考えてみるんだけど、難しい……」

「考えたり話し合ったりして、何か発見できるといいのでしょうが」

「そのためには、子どもたちが考えたくなるような問いを投げかける必要があると思うんだけど……」

「そうですわね」

「数学だといろいろ考えられるんだけど……アキレウスはカメに追いつけない、とか」

「何の話ですの、それ」

「ああっ、ごめん。アキレウスというのは、ギリシャ神話に出てくる英雄で、足もすごく速いんだけど、前を走ってるカメに追いつけないという話」

「えっ、どうして？」

「アキレウスがカメのいた所に到達したときに、カメはちょっとだけ前に進んでいる。どんどん差は縮まるかもしれないけど、ちょっとだけカメは前にいるから、永遠に追いつけないという理屈なんだ」

「なるほど、そう言われればそうなりますわねぇ。あたしたちネコもネズミに追いつけないことになる」

「でも実際は簡単に追いついちゃうわけだから、その理屈はどこがおかしいんだろって、考えたくなるよね」

「それにしても、おかしなことを考えた人もいるものですわねぇ」

「もとは、ゼノン[3]という哲学者が考え出したことだよ」

「へぇっ、哲学って、普通じゃ思いつきもしない問題を考えつくものなんですね」

「だよね。でも、そうやって問題が出され、ああでもないこうでもないといろんな人が考えて、新しい発見があったりするんだ」

「それじゃ、道徳でも、問題を投げかけてみればいいんじゃありません？」

「そうなんだけど、ぼく自身、どんな問題を考えればいいのか、よくわからないんだ」

「誰から聞いたか忘れちゃったけど、「変だなあ探し」をやってる先生もいるみたいですわ」

「変だなあ探し？」

「教科書には読み物が載ってるんでしょ。その読み物を読んでみて、みんなで変だなあと思うところ

（3）ゼノン（Zeno of Elea、ＢＣ四九〇頃－四三〇頃、古代ギリシャ時代の南イタリア・エレア）

パルメニデス（Parmenides、ＢＣ五一五頃－四五〇頃）に始まるエレア派の哲学者。この学派は、生成と消滅、流転、変化などは、私たちにそう見えるだけであって、世界の真相は不変の一者（存在）であると考えました。ゼノンは、何かが運動していると考えると、「速い者は遅い者に決して追いつけない」とか「移動している矢は静止している」といったパラドクス（逆説、矛盾）に陥ることを示しました。世界の動きがパラパラ漫画のようなものであれば、そうかもしれませんね。とはいえ、ある前提から矛盾する結論を導き出して、その前提を問い直すという論法は、後世に受け継がれていきました。

を探してみて、それについて考えたり話し合ったりするそうですわ」

「ほお、なるほど」

「詳しくは覚えてませんが、動物園の職員が、時間外に幼い子どもに動物を見せてあげて、クビになったのですけど、子どもの母親から感謝の手紙をもらって、晴れ晴れとした気持ちで職場を去って行くというお話……」

「ああ、その話はぼくも読んだよ。そんなばかなと思った。解雇の理由も問題だけど、そんなに簡単にクビにされちゃ、たまったもんじゃない」

「そう、この話、変だなあと思う子どもだっているんじゃないかしら」

「そうだね。道徳の読み物って、これが大切だとわからせるためというのが見え見えなんだよなぁ。だけど、ツッコミどころもいっぱいある。そこから生徒たちが考え始められると面白いかもね。ふだん当たり前だと思って考えもしない問題を投げかけたり、読み物で変だなあと思ったところから考えさせたり、少し方向が見えてきたような気がする……」

「それはよかった。いろいろ工夫して、生徒たちが疑問符でわくわくするような授業を期待してますわ、アダチ先生」

4 人との関わりとは、親や友だちとの関わり?

アダチ先生とモラルネコが話題にした『私たちの道徳　中学校』に目を通してみて、全体として問題に感じるのは、「人との関わり」に関する道徳の「人」が、やすやすと家族や友だちとイコールになっていることです。こんなことを言うと、何をおかしなことを、親や友だちとの関わりはいちばん身近な「人との関わり」でしょう、と言われてしまいそうですね。では、親や友だちは一人の「人」なのでしょうか？　親や友だちへの関わりは、人が人に関わることとイコールなのでしょうか。「世間」のおおかたの常識ではそうなのでしょう。それだけでは抽象的で漠然としている「人」というのは、親子関係・先生と生徒の関係・友だち関係・男女関係など、具体的な人間関係において関わり合っている存在だという常識です。この常識は、古代中国で生まれ東アジア文化の歴史において大きな役割を演じた儒教思想の影響を、とくに明治国家が儒教的な色彩を帯びた国家道徳によって国民（臣民）を教化しようとした歴史の影響を受けているように思います。明治政府が一八九〇年に発布し、敗戦後の一九四八年に廃止されるまで威力を持った『教育勅語（教育ニ関スル勅語）』には、「爾臣民《なんじしんみん》父母ニ孝ニ兄弟ニ友ニ夫婦相和シ朋友相信ジ……」とありました。ここには、人と人の関係とは親子関係・きょうだい関係・夫婦関係・友人関係のことであり、それぞれの関係ごとに異なったルール（道徳）があって、それを守ってこそ人間関係がうまくいく、ひいては社会秩序が保たれるという考え方があります。こうした歴史的視点を持ってみると、『私たちの道徳』に並んでいる徳目は、「父母ニ孝ニ兄弟ニ友ニ夫婦相和シ朋友相信ジ」の焼き直しのようにも見えてしまいます。

これに対して、人との関わりに関する道徳について、関わっている相手を、親・子や先生・生徒や友だちとしてではなく、「ひとりの人」として考えてみることに意味があるのではないでしょうか。親も子どももそれぞれが「ひとりの人」、先生も生徒もそれぞれが「ひとりの人」、友だちも「ひとりの人」……こんな言い方をしても目が点になるかもしれませんが、先に紹介した「I AM A MAN」や『人形の家』のノラにならって、たとえば母親が夫や子どもに向かって「私だってひとりの人です」、生徒が先生に向かって「あたしだってひとりの人なんです」、クラスメイトが私に向かって「ぼくだってひとりの人だ」と言ったとすればどうでしょう。この言葉が十分に意味を持つ場合もありませんか。親子関係と夫婦関係において求められる二重の道徳に従って、母親としての務めを果たしてきた人が、「自分はいったい何者なの」という問題に直面し、「私だってひとりの人です」という言葉が口をついて出てきたとしても、おかしくないと思います。大勢のクラスメイトに叩かれて黙ったまま泣いている男の子のなかに、「ぼくだってひとりの人だ」という声を聞きとってもおかしくないと思うのです（本書第1部第2幕参照）。この声を聞きとることから、「ひとりの人」として扱われていない状況と現実に目を向け、なぜそのようなことが生み出されてしまうのかという問いかけが生まれます。そして、もしかしたら親子関係や先生・生徒関係や友だち関係という関係性自体が、他者を「ひとりの人」として尊重することを、そしてまた自分が「ひとりの人」として尊重されることを邪魔しているかもしれません。親子だから、先生・生徒だから、友だちだから「〜すべきだ、〜して当然だ」という道徳、つまり人との関わりに関する道徳について、「ひとりの人」という視点からあらためて考え直してみる必要があるのではないでしょうか。

親子関係も「ひとりの人」どうしの関係？

ここで、親子関係について考えてみましょう。というのも、とくに親子関係において、お互いを「ひとりの人」として見ることが難しいように思われるからです。友だち、恋人、夫婦などの関係に比べて、親子関係は死ぬまで（あるいは死んだ後もなお）続く強い絆だとされることが多いですね。たいていの人にとって、死ぬまで自分は誰かの子どもであり、（子どもがいる人にとっては）誰かの父や母なのです。それほど強い絆（きずな）で結ばれているとしたら、絆（ほだし）としての束縛も強いでしょう。そのことが、お互いに「ひとりの人」として接することを難しくさせているように思います。

個人的な話で恐縮ですが、私のいちばん年少の娘が中学生になったときに、私が「もうみんな大きくなったのだから、これからはお父さん役は終わり、お父さんのことを「○○（私の名前）さん」と呼ぶことにしよう」と言ったことがあります。二人の子どもはとりあってくれませんでしたが、障がいのある娘だけが、私の言葉をそのまま受け止めて、以来ずっと私のことを名前で呼んでくれています（多世代文化工房『わがままに生きる哲学』はるか書房、二〇一六年、一〇一頁）。興味深いのは、この話を大学の授業でするると、学生の感想が真っ二つに分かれることです――親子関係がなくなるなんて想像もできないという感想と、自分も親子関係から卒業したいという感想。親子関係といっても一様ではなく、親に大切に育てられていることに日々感謝している子どももいれば、親の干渉や束縛をうっとうしく思っている子ども、親に愛されたいのに愛されていないと感じている子ども、親からの虐待を誰にも言えず耐え忍んでいる子どもなど、さまざまでしょう。それに対して、「親の愛情や支えに感謝しましょう」と言うのは、あまりにもズレているように思います。親の愛情や支えを感じて感謝している子どもにとっては自分の気持ちの再確認でしょうが、そうでない子どもにとっては、自分や自分の親は道徳に反していると思わせるだけになってしまうのではないでしょうか。むしろ、あらためて親子関係とは何か、親子である以前に「ひとりの人」どうしの関係ではないのかと考えることはできないでしょうか。

芥川龍之介は親子関係について、こんなふうに述べています。「親は子供を養育するのに適しているかどうかは疑問である。成程牛馬は親の為に養育されるのに違いない。しかし自然の名のもとにこの旧習の弁護するのは確かに親の我儘である。若し自然の名のもとに如何なる旧習も弁護出来るならば、まず我我は未開人種の掠奪結婚を弁護しなければならぬ。……子供に対する母親の愛は最も利己心のない愛である。が、利己心のない愛は必ずしも子供の養育に最も適したものではない。この愛の子供に与える影響は――少くとも影響の大半は暴君にするか、弱者にするかである。……人生の悲劇の第一幕は親子となったことにはじまっている。……古来如何に大勢の親はこう言う言葉を繰り返したであろう。――「わたしは畢竟失敗者だった。しかしこの子だけは成功させなければならぬ」(『侏儒の言葉・西方の人』新潮文庫、六〇頁)。

あるいは、坂口安吾はアイロニカルにこう書いていました。「人間は、決して、親の子ではない。キリストと同じように、みんな牛小屋か便所の中かなんかに生れているのである。親がなくとも、子が育つ。ウソです。親があっても、子が育つんだ。親なんて、バカな奴が、人間づらして、親づらして、腹がふくれて、にわかに慌てゝ、親らしくなりやがった出来損いが、動物とも人間ともつかない変テコリンな憐れみをかけて、陰にこもって子供を育てやがる。親がなきゃ、子供は、もっと、立派に育つよ」(「不良少年とキリスト」、『堕落論』岩波文庫、二三四頁)。

なんと反道徳的なことを言うケシカラン奴らだと思いますか――芥川は『国語』の教材にけっこう使われていたように思いますが。芥川や坂口の意見に賛成するかどうかは別として、親子関係を無条件に善いものとし、子どもは親に感謝すべきだと説くのではなく、そうした関係も相対化して、「ひとりの人」として尊重し合うという視点から見直してみてもいいと思うのです。

しかしそうは言っても、親子関係を「ひとりの人」どうしの関係ととらえることは難しい。そう感じさせているのはおそらく、誰もが口にしそうな「人は一人では生きていくことができない」という常識であるように思います。「一人では……ない」と言うときに思い浮かべられているのは、「ひとりの人」という他者ではなく、親であったり友だちであったりするのでしょう。ですからどうしても、「人との関わり」は、親子の関わりであったり、友だちや恋人との関わりとイメージされるのだと思います。しかし、この「一人では生きられない」とはそもそも何を意味しているのか、よくよく考えてみる必要があると思います。

■「一人では生きていくことはできない」、でも誰もが「ひとりの人」のはず■

『私たちの道徳』でも、「温かい人間愛の精神と思いやりの心を」という道徳が重要なのは、「人間は、一人では生きていくことができない」からだと述べられています。

一つ考えられるのは、他者がいてはじめて自分も生きていられるということでしょう。しかし、これもどういう意味なのか、わかったようでわかりません。生きていくためには物を食べたり飲んだり雨露をしのいだりする必要があり、これは誰かの手を借りずにはできそうにないですね。自給自足のスキルを持っていれば別かもしれませんが、そういう人はきわめて少ないでしょう。現代では、グローバルな分業と協業の市場システムによって、私たちは生活に必要なものを手に入れています。それでは、このシステムから大きな利益を得ている企業や、分業と協業の一端で働いている人びとは、「温かい人間愛の精神と思いやりの心」からそうしているのでしょうか。あるいは、そうした企業や労働者に「温かい人間愛の精神と思いやりの心」を持てと言うべきなのでしょうか。そんなことを言っても、お門違いだと言われそうです。

あるいは、もう少し精神的な意味で言われているのかもしれません。たとえば、辛いことや悲しいことがあれば、話を聞いて励ましてくれる人がいるとか、楽しいことや嬉しいことがあれば、一緒に喜んでくれる人がいるという意味です。身近なところでは、親や友だちに期待されている関係ですね。そういう人がいることは、確かに生きていくうえで大きな支えとなるのでしょう。ただ、そういう支えなしに人は「生きていけない」とまでは言えない気がします。人間関係のわずらわしさから逃れ、孤独を愛する人がいてもおかしくはないし、ましてそういう人はケシカランなどとは言えないと思います。友だちがいないことが何か非道徳的なことであるかのように言われるとすれば、本末転倒です――とにかく友だちがいなくちゃいけないからと、自分を押し殺して周りの人に同調したり、一人でお昼を食べていると友だちがいないと思われてしまうので恥ずかしい、などといった具合に。それならばむしろ、「私は一人で生きていく」と宣言したほうが清々しいように思えます。誰もが「ひとりの人」として自分自身の人生を生きているという意味で、「一人で生きている」ととらえることはできないでしょうか。

一七世紀のフランスの哲学者パスカルは[4]、次のように書き遺しました。

「われわれが、われわれと同じ仲間といっしょにいることで安んじているのは、おかしなことである。彼らは、われわれと同じに惨めであり、われわれと同じに無力なのである。彼らはわれわれを助けてはくれないだろう。人はひとりで死ぬのである。したがって、人はひとりであるかのようにしてやっていかなければならないのである。」(『パンセ』前田・由木訳、中央公論社『世界の名著29』一五七頁)

「ひとりで死ぬ」、「ひとりであるかのようにして」、なかなかに意味深長です。人生は孤独で寂しいもの、というふうに聞こえますか。確かに、そんな雰囲気も漂わせている文章ですが、私はむしろ、自分という存在が唯一無二でかけがえのないことに気づかせてくれるように思います。誰も助けてくれないというのは、困っていても助けてくれる人がいないということではなくて、私の人生を私に代わって生きてくれる人は誰もいないということです。「ひとり」ということをこのような意味で理解すれば、誰もが「ひとりで生きている」のです。そして、「一人では生きていけない」というフレーズが、「ひとりで生きている」ということを覆い隠してしまうとすれば、「人との関わり」が「ひとりの人」どうしの関わりであることも覆い隠されてしまうのではないでしょうか。

おっと、話が哲学の世界に少し入りすぎましたね。『私たちの道徳』に戻ります。親子関係、友だち関係、恋人関係といった、身近な人と人の関係においても、お互いがいま述べた意味で「ひとりの人」であることを忘れたくないということです。

たとえば、あまりにも当たり前になっている男女という性別も、「ひとりの人」を見えなくさせてしまう危険があるように思います。『私たちの道徳』では、「異性を理解し尊重して」という道徳が掲げられていますが、自分は男性だから女性のことを、自分は女性だから男性のことを理解し尊重しようということは、相手を「ひとりの人」として理解し尊重することとは違います。私の目の前にいるのは、女性とか男性なるものではなくて、唯一無二のかけがえのない「ひとりの人」なのです。

おやおや、ちょうどアダチ先生がこのテーマで授業をしているようなので、またのぞいてみることにしましょう。

---

(4) **パスカル** (Blaise Pascal、一六二三–一六六二、フランス)

パスカルの原理や気圧の単位(ヘクト・パスカル)でお馴染みの哲学者。現代風に言えば当時の最先端の科学者でしたが、同時に熱心なキリスト者として、人間は神への信仰によってのみその悲惨さ(存在理由の欠如や不可避な死への絶望)から救われると唱えました。その死後、遺稿集が『パンセ Pensées』と題されて広く読まれています。彼の思想はキリスト教信仰と深く結びついているものの、「習慣は第二の自然……」、「人間は考える葦……」、「クレオパトラの鼻。それがもっと短かったなら……」、「自分がなぜあそこではなくここにいるのか……」など、人間の存在について深く考えさせられます。

5 道徳の授業「異性を理解し尊重して」——これにも頭を悩ますアダチ先生

授業で悪戦苦闘のアダチ先生

アダチ先生　今日の道徳の授業は、「異性を理解し尊重して」について考えます。性の違い、男性と女性の違いって何だと思う？

（みんな話しにくそうな雰囲気）

アダチ先生　じゃあ、先生は男と女のどっちかな？

リョウ　そんなの、男に決まってる。

アダチ先生　どうしてそう思ったのかな？

リョウ　いつもズボンをはいてるし、ときどきネクタイもしてる。それに、ひげが生えてるし……。

アダチ先生　なんだかみんなにジロジロ見られているようで、ちょっと恥ずかしいな……。

マコ　先生が自分から、男か女かって訊いたからでしょ。

アダチ先生　そうでした、すみません、頑張ります。ん、じゃあ、ズボンをはいてネクタイをしてひげが生えてれば男ってことかな。

リョウ　ぼくの姉ちゃんは、電車の車掌をやってるんで、ズボンをはいてネクタイをしてるなぁ。薄くだけど、ひげも生えるって気にしてたし。

タケシ　おい、そんなん、ここで暴露していいのか。

リョウ　やばいっ！　知られたら、ひどい目にあいそう……。

サヤカ　ほんと、男って無神経で嫌だよねぇ。

アダチ先生　じゃあ、先生も無神経？
サヤカ　あっ、違います。先生はちゃんと人のことを考えてると思います。
リョウ　女だって無神経なやつはいるけどね。
サヤカ　あたしのこと言ってんの!?
アダチ先生　まぁまぁまぁ、それじゃ「異性を理解し尊重して」とは真逆になってしまうよ。
マコ　先生、心配しないでいいですよ。リョウとサヤカは保育園から一緒の仲良しなんだから。
アダチ先生　そうなんだ。いやぁ、保育園から一緒の友だちなんて、うらやましいな。それはともかく、本題に戻るよ。男性と女性の違いって、外見とか性格で決めつけられないということかな。
キンジ　それは多少あるかもしれませんが、やっぱり生理的な違いがあると思います。ぼくは男だから子どもを産めないけど、女の子は大きくなると子どもを産めるようになります。それで、女の子は毎月生理があるとか……。
マコ　たいていはそうだけど、わたしの知ってる人で、結婚はしたんだけど、子どもができなくて悩んでる人もいます。でも、女性ですよね。
キンジ　あっ、そうか。子どもを産めるか産めないかで、決めつけちゃいけないんだよね。じゃあ、男女の違いは何で決まってるのかなぁ。
ジュラ　あたしは、そんな無理やり分けなくてもいいんじゃないかと思います。お母さんから聞いたんですけど、男どうしとか、女どうし、同性の結婚も認められている国もあるみたいです。
アダチ先生　そうだね。一人ひとり違っているのに、男性、女性とくくってしまうところに問題があるということでしょうか。ちょっと、こんな問題を考えてみて。

（アダチ先生が板書）

男性は女性より身長が高い。
豊受さんは男性であり、天照さんは女性である。
∴豊受さんは天照さんより身長が高い。

リョウ　なんか、数学の時間みたいだ。
キンジ　だって、先生は数学の先生じゃん。
アダチ先生　これは正しい推論と言えるかな？
シホ　おかしいことは、誰でもわかります。現に、リョウくんのほうがサヤカさんより身長は低いですし。「男性」とか「女性」というのは集合であって、男女の身長の比較は、それぞれの集合の平均の比較です。これに対して、豊受さん、天照さんというのは個人であって、その身長の比較は、男女の平均身長の比較ではありません。
（リョウの表情がほんの少し曇る）
タケシ　すげぇ、さすが数学の女神！　にしても、豊受さんとか天照さんて誰？
シホ　うるさいわねぇ。あんただって、わかることじゃん。
マサオ　天照も豊受も、日本の神話に登場する神さまで、天照が食事のために豊受を呼び寄せたと言われています。
タケシ　へえっ、男が女の食事のために仕えてたってこと？
マコ　食事をつくるのに、男も女も関係ないでしょ。

アダチ先生　そうだね。私も、「男はこうで女はこう」というように、垣根をつくらなくてもいいんじゃないかと思うんです。そうじゃなくて、一人ひとりみんな違うんだから、「ひとりの人」としてお互い関わってほしいなと思います。お互いというのは、クラスのみんな、一人ひとりのことなんだよ。では今日の授業は……。

サヤカ　先生！　先生のことを、もっと話してほしかったんですけど。

アダチ先生　えっ!?

サヤカ　先生の初恋の話とか……。

（拍手がらみの歓声）

アダチ先生　ううむ、困ったな……じゃあ次のときにでもね。

（アダチ先生は、教室から帰りぎわに廊下でサヤカに声をかけられる）

サヤカ　あのぅ、先生。

アダチ先生　ん、どうした？

サヤカ　さっきの授業なんですけど、身長の話はあんまりよくなかったんじゃないかと思ったんです。

アダチ先生　えっ、どういうこと？

サヤカ　リョウは、背が低いのをけっこう気にしてるんです。

アダチ先生　そうだったんだ、ごめん。子どもの頃、ぼくも背が低くてコンプレックスがあったんで、あえて例にしたんだけど……わかった、今度リョウに話しとくね。

サヤカ　そうだったんですか。想像つかないです。

アダチ先生　身長がどうなるかなんて、子どもの頃は自分でもわかんないから。でも、リョウのことを気にかけてくれて、ありがとね。

サヤカ　一応、友だちなんで、てへっ。

アダチ先生の思い——一人ひとりを大切にしたい

（その夜、少し重い足取りで帰宅したアダチ先生にモラルネコ）

「お帰りなさ……ん、なんだか冴えない表情ですわね、何かありましたの？」

「おまえ、まだいたのか」

「まだいたのかって、失礼ですわね」

「ううん、今日の授業、ちょっと失敗したかなと思ってね」

「どういうことかしら？」

（アダチ先生はモラルネコに授業の概要と、身長を気にしているリョウのことを話す）

「そっか、とくに中学生くらいだと、自分自身のことに敏感ですものねぇ。だけど、そうやって傷つきながら、その手当ての仕方も学んで成長していくと思えば、どうかしら？」

「長い目で見ればそうだけど、傷つけちゃったかなと思うと、しんどい」

「フォローが大事だと思いますわ。ちゃんとしたフォローがあれば、子ども自身、乗り越える力があるんじゃないかしら」

「なんだか立派な教育学者のようなネコだな……」

「えっ？」

「いやいや。まぁ、ぼくだって、一人ひとりの生徒のことをよく考えて授業してるつもりなんだ。今日の「異性を理解し尊重して」だって、自分は女性だとしか思えない男の子とか、同性愛の子とか、いるかもしれないじゃない。いや、実際そうじゃないかなという子どもも、クラスにいるんだよ。そういう子どもは、教科書どおりに「好きな異性がいるのは自然なこと」なんて言われて、どう思っちゃうのかなと考えてしまう」

「だったら、男性と女性の違いを訊くのも酷だったんじゃありませんの？」

「ああっ、そうだった!! ううん、ううん、ほんと考えが浅かったなぁ」

「まぁでも、男は男、女は女、異性を愛するのが自然、これがあなたがた人間の常識なんでしょ。『国語辞典』の「恋」の説明は「男女間の思慕の情」と書いてるじゃありませんか」

「へぇ、国語辞典まで読んでるんだ、侮れないネコだなぁ」

「そういう普通名詞じゃなくて、「モラル」ちゃんとか、「モラネコ」ちゃんとか、固有名詞で呼んでくださいな」

「わかった、わかった、モラネコちゃん」

「でもそうすると、道徳の授業って、子どもを傷つけかねない授業になっちゃうんじゃありません？」

「そうなんだよ。おかしな話だけど、道徳の授業って、子どもを傷つけちゃうんじゃないかと思えてきてね。今度、教科書の読み物を取り上げるんだけど、これも悩ましいんだ」

「どんなお話？」


（アダチ先生が読み物のあらすじを話す）

高校卒業後、俳優を目指して上京し、少しずつ映画やテレビにも出演するようになった私（三〇歳半ばの男性）のもとに、一人暮らしの母が脳卒中で倒れて入院したという知らせが入る。急いで帰郷し、母の病室に入ると、老夫婦が待っていた。彼らは、母一人子一人の私たちを住み込みで働かせてくれた中華料理店の経営者で、現在は年金生活をしている。翌日、私が子どもの頃好きだったチャーハンを持ってきてくれて、母のリハビリや身の回りのことを手伝ってくれると言う。母が営む小さな居酒屋の常連客の人も、見舞いに来て、母を気遣ってくれていた。そうした人たちのぬくもりと優しさを感じながら、私は東京に戻っていった。

「ふうん、いいお話じゃありませんか」

「ちょっと見、そうだよね。でも、生徒の顔を思い浮かべてみると、複雑なんだ」

「どこがです？」

「いちばん気になるのは、「母一人子一人」という設定だよ。クラスにも、一人親家庭の子が何人かいるんだ。お母さん一人で頑張って自分を育ててくれてありがたいと思ってる子はいいかもしれないけど、みんながみんなそうじゃない。どうしてお父さんと別れちゃったのと、恨みとまではいかないけど釈然としない気持ちを抱えている子もいる。そういう子に、「こうやってお母さんは頑張って子どもを支えているんだから、感謝の気持ちを持つべきだ」という道徳はどう響くんだろうね。自分はいけない気持ちを抱いている悪い子だと思っちゃうかもしれない。あるいは、一人親家庭の子は、経済的な理由から大学には行けず、高校を卒業してすぐ就職なのか、なんて思うかも。それに、親と一緒に暮らせなくて、養護施設から通っている子だっているんだ」

「へえっ、アダチ先生、一人ひとりの子どものことをよく考えてらっしゃる！」

「世間の人たちが温かい手を差し伸べてくれるともかぎらないじゃないか。冷たい目で見られたり、心ない言葉をかけられたりしたことがあるかもしれない。「母子家庭の子はかわいそう」なんて思われることもね」

「だったら、お父さんとお母さんがいるのがフツーの家族っていう考えを問題にすべきじゃないのかしら？」

「ぼくもそう思うんだけど、教科書の読み物はそうなってないよ」

「やっぱり、道徳の授業は問題含みですわねぇ。なんだか人間の世界って、めんどくさそう。でも、一人ひとりを大切に考えるアダチ先生のような人がいることが、いちばんの道徳教育なんじゃないかと思いますわ。それを忘れなければ、先生の思いはきっと伝わるはず」

「ほんまかいな。でも、そう言ってくれると、ちょっと気が楽になるな。それでも迷ってばかりだけどね」

「ゲーテ(5)さんが「人間は努力するかぎり迷うものだ」と言っておられました。努力している証拠だと思って、大いに悩んでくださいませ」

「へぇ、ゲーテまで読んでるのか！　ますます侮れんなぁ、モラネコちゃん」

（5）**ゲーテ**（Johann Wolfgang von Goethe、一七四九－一八三二、ドイツ）
戯曲、小説、自然科学、政治など幅広い分野で活躍し、後世に大きな影響を及ぼした文学者。その作品では、人間の葛藤や苦悩、絶望と救いが描かれており、代表作の一つが『ファウスト』。ファウストを悪の道に誘惑できるかどうか賭けようという悪魔メフィストフェレスの提案に対して、主が「人間は努力するかぎり迷うものだ」と答え、賭けが始まります。

6 「人との関わり」から「一人ひとりの関わり」へ

「道徳の授業って、子どもを傷つけちゃうんじゃないか」という指摘、悩ましいですね。「○○の心を」とか「○○したい」と、やんわりとした表現をとっていても、子どもたちにとっては「道徳としてこれが正しい、こうすべき」という指図や命令のメッセージです。哲学者の山内志朗さんはこう述べています。「倫理学は、「怒って、叱る倫理学」というイメージがあるかと思います。自分の悪い行いを告白させ、反省を求め、説教し、「……せよ」の命令または「……するな」という禁止を口癖にする教師というイメージがあります」（『小さな倫理学入門』慶應義塾大学出版会、二〇一五年、七八頁）。この「……せよ」や「……するな」が、教科書や先生という逆らえないところから発信されるなら、ときに子どもの心を突き刺してしまうことがあるのではないでしょうか。とくに「人との関わりに関する道徳」ともなれば、いつも誰かと関わっているわが身を反省させられ、かくあるべき人から外れている自分を否定するように仕向けられてしまう。こうなると、「道徳」の授業は自分を否定する場になってしまいます。本末転倒ですね。それに対しては、「子どもとして、生徒として、男あるいは女としてかくあるべし」ではなく、さらに「人としてかくあるべし」でさえなく、モラルネコがアダチ先生を励ましたように、「一人ひとりを大切に」を忘れないでいたいですね。そして道徳の授業が、「人との関わりはかくあるべし」に対して、「なんでそうなの？」「ほんとにそうなの？」「現実はなんでそうなってないの？」と、一人ひとりがのびのび考えられる時間になればと思うのですが、どうでしょうか。

コラム②

狼少年に愛を

オカルト・怪談が好きな人は、「洒落怖」という言葉を聞いたことがあるのではないでしょうか。これは某ネット掲示板に投稿された話の総称で、その多くは創作怪談です。そのなかから、ここで「狼少年の墓標」（引用は http://s-kowa.seesaa.net/article/382936440.html から。一部改行を改めた）という作品を紹介したいと思います。怖くはないので、ご安心を。

語り手の「僕」とその「親友」が、イソップ童話「狼少年」について話し合っています。「狼少年」とは、羊飼いの少年が「狼が来たぞ」と何度も嘘をついたため、本当に狼が来てたときでも信用されず、助けてもらえずに食べられてしまったという物語。嘘つきを戒める教訓話として知られており、語り手の「僕」もまた、同様の見解を持っています。

ところが「親友」は違います。少年が可哀そうだと言うのです。「考えても見ろ。狼少年は野原に一人ぼっちでいたわけだろ。どんな〔に〕寂しいと思う？　それも、いつ狼がきてもおかしくないような場所に。」

それを聞いて「僕」ははっとします。「言われてみれば、その通りだ。狼少年は、狼のきてもおかしくないような場所に、ずっとひとりぼっちだったんだ。ずうっと、ずっと。」

「親友」は言います。「どうして大人は、「危ないから行ってはいけない」って、言ってやらなかったんだろうな。羊のほうが、子供より大事なんだろうな、きっと」。そして吐き捨てるように続けます。「そりゃ嘘もつきたくなんだろ。だって自分が一言「狼がきた」って言えば、大人は来てくれるんだ。パパもママも皆。〔……〕そんなうれしいことあるかよ。だから嘘つくんだよ。たとえ、大人が心配してるのが、自分じゃなくて羊だって、わかってても、な。」

語り手の「僕」ならずとも、この解釈にはっとさせられ、胸をグサリと刺されたような気持ちになると思います。通常、狼少年の墓標には、〈嘘つきは死んでも自己責任〉という教訓が彫られています。少年の状況や気持ちなどちっとも考えず、私たちはその教訓をありがたがってはいないでしょうか。だとすれば私たちもまた、無責任で残酷な大人なのかもしれません。

（小谷英生）

ACT

5
第　幕

「一八歳選挙権」時代の道徳教育をつくろう

主として集団や社会との関わりに関すること

和田　悠

1　道徳教育で政治をもっと身近なものに

私たちは政治と無縁ではいられない

この章では「主として集団や社会との関わりに関すること」を扱います。「家族愛」「勤労」「規則の尊重」「公共の精神」「より良い学校生活、集団生活の充実・向上」「我が国の伝統と文化の尊重、国を愛する態度」「国際理解・国際貢献」といった内容項目がそこでは挙がっていますが、こうしたテーマを道徳の授業で扱うさいに注意したいことは、既存の社会秩序やルールを自明のものとして、それにもっぱら従うことを美徳とするのではなく、自分たちの手で自分たちがこうあってほしいと思う社会のあり方やルールを考えて、政治参加によってそれを実現しようとする民主主義に価値を見出すことです。言い換えれば、民主主義の担い手として必要な「市民的徳性」を道徳の授業を通じて育むことが課題となるということです。

もっとも、政治参加と聞いてもピンとこない人も多いかもしれません。まずもって私たちは政治や政治家を自分たちとは別の世界にあると考えている節があります。

政治家は本来的に私たちの代表で、身近な存在であるはずです。しかしながら、日本では政治家といえば、高給取りで、料亭かなんかに行っていいものをたらふく食べて飲んで、それでいてどこかいかがわしい。自分たちとは別の世界の住人であるというイメージが定着しているように思います。

たしかに、政治家になるのは一部の人間であるかもしれません。しかし、政治家が執行する政治はみんなのものです。私たちが政治に関心がなくとも、自らは政治と無縁な生き方をしていると主観的には思っていても、働き方や社会保障、家族のあり方など、人びとの日常生活に深く関わっている事柄は、そのときの政治に大きく左右されます。

ですから、私たちがよりよく生きたいと思うならば、私たちがよりよく生きることを可能にする集団や社会のあり方を要求し、政治を通じてそれを実現していく必要があります。そして、この必要性を切実なものとして子どもに伝えるためには、教師自身が政治参加に価値を見出していることが一つの条件になります。

そもそも道徳の教科書では政治参加をどのようにとらえているのでしょうか。そこには、いかなる「問題」があるのでしょうか。それを探るところから本幕を始めましょう。

■投票すればいいってもんじゃない■

よりよい社会を実現するための政治参加と聞いてすぐに思い浮かべるのは「選挙」です。「一八歳選挙権」を導入するさいに文部科学省と総務省が連携・協力してつくった高校生向けの副教材『私たちが拓く日本の未来』には、選挙による社会形成という考え方が強く打ち出されています。「私たちが国家や社会について重要と考えるものを、国家や社会としてどのような状態であることが良いのか、優先順位をつけて決定すること」を「政治」と呼ぶのであり、「現在の日本では、選挙を通じて私たち有権者に訴えられた候補者や政党の考えや公約を議会の議論を通じて意見集約していく、つまり、議会で決定される法律・条例や予算などにより決めていく」。そして、「このようなプロセスにより、国家・社会の秩序を維持し、その統合を図っていくことが可能となる」との説明がなされています。

中学校三年生の道徳の教科書には、「一八歳選挙権」を見越して「選挙」をテーマにした教材文が掲載されているものがあります。日本文教出版の「公園に桜を」は、サトシの住む市で市民公園の再開発を争点に現職と新人の一騎打ちの市長選挙が行われている設定です。そして「選挙公報」にしっかりと目を通して、候補者を見比べて投票することの大切さを、親がサトシに伝える内容となっています。光村図書の教科書には、テレビのニュース解説でもおなじみの池上彰さんによる「一票を投じることの意味」と題する文章が採録されています。父親が一五歳の娘に対して、「選挙は税金の使い道を考える人を選ぶこと」だとその意味を解説するもので、選挙権を行使できるようになる数年後をしっかりと見据えるようにと読者（中学生）に訴えています。

こうした議論は、選挙によって民意を表現することは十分に可能であるという前提に立っています。しかし、後述しますが、現在の日本の選挙制度には多くの問題点が指摘されています。公正・平等な選挙制度とは何かを問いかけることなしに、道徳の教科書に沿って選挙に行くことは社会の「常識」であり国民の「義務」であるかのように子どもに語りかけることは大きな「問題」です。

「一票」を投じる以前に、一票の「格差」という問題があります。日本国憲法では法の下の平等ということが言われているので、国民一人ひとりが選挙で投じる「一票」もまた基本的に平等、同じ重たさ（価値）でなくてはいけません。しかし、二〇一七年一〇月に行われた衆議院選挙において、有権者数が最も少なかったのが鳥取第一区の二三万八七七一人です。最も多かったのは東京一三区の四七万二四二三人で、鳥取一区の一・九八倍になります。つまりは、鳥取一区の有権者が持っている一票に対して、東京一三区の一票はその約半分の価値（重み）しかないということになります。こうした一票の格差は憲法違反だとして、選挙無効を訴えた裁判も繰り返し起こされています。選挙のやり直しについては大きな混乱を招くということで、認められたことは一度もありません。しかし、一票の格差は違憲状態であるという判決は最高裁で下されています。

選挙制度についても考える必要があります。たとえば、衆議院選挙では小選挙区制度が採用されています。一つの選挙区で一議席を争う選挙になります。小選挙区制度は二大政党制にふさわしいものとされ、A政党がいいのか、B政党がいいのか、有権者に政権選択を迫ることで民意を思い切って集約していくものです。実際にやってみるとその弊害は大きく、先の衆議院選挙では自民党は全二八九小選挙区のうち、約七五％（議席占有率）に当たる二一八議席を占めましたが、自民党の得票率は約四八％でした。投票に行った二人に一人弱の投票で、衆議院の四分の三の議席を自民党は獲得したことになります。しかも、全年代を通じた投票率がそのときは五三・七％でしたから、日本の全有権者の約四人に一人の意向で、私たちの暮らしのあり方を決めていく政権政党が選ばれてしまっているのが実態です。こうした傾向はかつての民主党が政権を取ったときも同様で、このときは投票率こそ七割近くありましたが、得票率が約四七％で議席占有率は約七四％でした。

サトシくんが気になっている市長選挙についていえば、現職首長の多選が問題になっています。あまり政治に関心がない人であっても、居住している自治体の首長の名前は知っている場合が大半だと思います。自治体が発行する公文書にはその名前が記載されますし、自治体発行の広報や議会だよりには顔写真つきで紹介されます。自治体が行うイベントや行事での挨拶、ローカルテレビへの出演などを通じて、広くその顔と名前が知られています。また首長は予算や人事、許認可といった大きな権限を持っていますから、選挙では業界団体からの支持を受けやすい場所にいます。

圧倒的な知名度と票田を持っていることから、現職首長は新人候補を前にして圧倒的有利に選挙戦を進めることができます。現職の多選批判が言われるのはこうした文脈においてです。裏を返して言えば、現職首長が率先して多選禁止を自らに課すことがなければ、有力な新人候補が出にくくなってしまいます。民意を政治に反映するうえでは、候補者同士が当選を賭けて本気でぶつかりあい、有権者の支持を求めて政策を競い合う過程が大切です。実質的な競争として選挙が成立することがないと、有権者の声は政治家に届きにくくなり、民主主義は形骸化してしまいます。

市民が選挙の主役になる難しさ

政治学者の松下圭一さんは、「治者が永遠に治者であれば、被治者は永遠に被治者にとどまることになる。その結果、被治者は被治者としての行動様式しかとれず、それが習俗ないし資質となってしまう」と指摘し、「市民とはその一人ひとりが王のごとく〈統治〉をおこないうる自治能力を持つことである」と述べています（松下圭一『市民文化は可能か』岩波書店、一九八五年、四二頁）。

民主主義とは治者と被治者の同一性であるとすれば、あらゆる人びとが気軽に選挙に立候補できる環境もまた必要です。治者と被治者が役目を代わりばんこ、循環することがなければ民主主義とは言えません。ところが、公正な選挙を実現するという名目で公職選挙法（公選法）が市民の選挙の自由を、政治参加を奪っています。

公選法の起源をたどると、一九二五年の普通選挙法にたどり着きます。普通選挙法は二五歳以上の成人男性に選挙権を付与したものであり、選挙権の量的拡大という点でいえば民主主義を拡大したもののように見えます。しかし、普通選挙法は政治運動・社会運動を取り締まる治安維持法と抱き合わせで制定されたものであり、国民による主体的な選挙運動を事実上禁止するものでした。現在も禁じられている候補者による戸別訪問や公務員の政治活動の禁止も普通選挙法に起因しています。

また、選挙期間中に特定の候補者を当選させることを目的に、個人の資格でチラシを作成し撒くことや、街頭で自主的に応援演説をして支持を呼びかけることも、公選法では取り締まりの対象です。選挙期間中に選挙運動をできるのは候補者と一部の運動員だけであり、個人には選挙運動をする自由がないのが現状です。有権者は各種選挙において候補者の選挙運動を観るお客さんの位置に据え置かれています。

さらに公選法では、売名行為や選挙妨害を理由にした立候補、候補者の乱立を防ぐという目的で、立候補を届け出るにさいして「供託金」を納める規定があります。法定得票定数（有効投票数の一〇分の一）に達しない場合、または立候補辞退の場合は没収されて税金として使われます。日本では国会議員選挙の立候補に選挙区で三〇〇万円（比例代表で六〇〇万円）が必要です。アメリカ、フランス、ドイツ、イタリアなどでは供託金制度そのものがありません。イギリスやカナダでは一〇万円程度。日本は世界のなかで飛び抜けて高額です。これでは、政治のせいで貧しい暮らしを強いられている人が、そうした政治や社会を変えようと立候補することができないことになります。現在の公選法は政治や社会の体質を変えていく方法としての選挙を機能させなくしている面があります。

したがって、選挙が行われてさえいれば民主主義だというのは短絡的です。投票所に行って立候補者ないし政党の名前を投票用紙に記入することができるといった形式的な次元で選挙をとらえるのは、キツイ言い方ですが民主主義の担い手として怠慢ではないでしょうか。善意であったとしても、貴重な一票だから棄権せずに投票に行くべきだと子どもに投票を呼びかけるのでは、民主主義の社会を形成する政治参加の方法としての選挙が抱えている「問題」を意識させることができない。結果として、子どもを思考停止に陥らせてしまうことになるのではないでしょうか。

▩ 子どもと政治家の出会いをプロデュースする ▩

政治学者の丸山眞男さんは、「民主主義とはもともと政治を特定身分の独占から広く市民にまで解放する運動として発達したもの」であり、「民主主義をになう市民の大部分は日常生活では政治以外の職業に従事している」。そうであるならば「民主主義はやや逆説的な表現になりますが、非政治的な市民の政治的関心によって、また「政界」以外の領域からの政治的発言と行動によってはじめて支えられるといっても過言ではない」と述べています（丸山眞男「「である」ことと「する」こと」、同『日本の思想』岩波新書、一九六一年、一七〇頁）。

政治のことは難しいし、正直に言ってよくわからないから、プロの政治家に任せておけばいい。こういう態度はおよそ民主主義的ではないことを、まず確認しておきたいと思います。そのうえで、どうやって子どもの政治的関心を高めていったらいいのでしょうか。学校という場からの政治的発言や行動をどのように教師は組織したらいいのでしょうか。

まずは、子どもと政治家の出会いの場をつくるところから始めたらどうでしょうか。

「よりよい社会の実現」を主題にした教材文の定番は、バスや電車といった公共交通機関でお年寄りや妊婦に席を譲る話や地域清掃ボランティアの意義を説く話です。そこでは周囲の人への配慮や思いやりなどが価値あるものとして語られますが、「よりよい社会を実現」する手段である「政治」が視野に入ってきません。そこで、学校や地域で生活するなかで解決してほしい事柄について、自分たちの心がけでは解決できないものという縛りをかけて、子どもたちに挙げさせてみるのはどうでしょう。「思い切ってサッカーや野球ができる公園がほしい」、「学校の体育館にもクーラーを設置してほしい」、「図書館は閲覧者優先なので、テスト前の放課後に友だちと一緒に勉強できる場所がほしい」、「保育園や老人ホームは本当に足りているのか」といった声があがってきたならばしめたもの。今度はそれらの声をとりまとめて質問状をつくり、手紙にして政治家（自治体議員）に送るのです。すべての議員ないし会派に送れば、政治的中立性という問題も難なくクリアできます。

返事が返ってくれば、自分たちの思いを受けとめ、地域社会の問題を一緒に考えてくれる存在として議員を身近に感じ、政治に対する関心を育むことができるのではないでしょうか。まだまだ少数ですが、子どもたちが議員になって自治体の行政のあり方について質問したり、要望を出したりして、首長をはじめ行政職員がそれらに答弁する「子ども議会」（模擬議会）に取り組んでいる自治体もあります。議事録は公開されていますから、議員への質問づくりについてはそれらを参考にするといいでしょう。こうした取り組みを進めることで、教師自身も地方自治に関心を持てるようにもなるのではないかと思います。

デモや集会も大事な政治参加

他方で、政治参加を選挙や議会といった狭い意味での政治的な制度の問題に矮小化してしまわない視点を教師の側が持っておくことも必要です。

世界史に目を向ければ、選挙というよりは、デモや社会運動によって社会や政治は変わっていったと言えます。そもそも選挙権の拡大を実現すること自体が、社会運動として取り組まれました（日本の「一八歳選挙権」は若者が運動によって勝ち取ったものではなく、憲法改正のための国民投票制度の議論のなかで政権与党側から提案された点に注意を促しておきたいと思います）。

アメリカで黒人に選挙権が与えられたのは一九六四年のことです。その発端は、一九五五年にアラバマ州モンゴメリーで人種差別に対する抗議の意味を込めてバスの白人専用車席にあえて座った黒人女性ローザ・パークスが逮捕されたことです。ローザはデパートで縫製の仕事をする一主婦でした。一主婦の勇気ある行動が現実を動かしていきます。この逮捕を受けて、抗議運動を組織した指導者の一人がマーティン・ルーサー・キング（キング牧師）です。キング牧師はバスのボイコット運動をモンゴメリーの黒人に呼びかけます。ボイコット運動は、一九五六年に連邦最高裁判所が公共交通機関における人種差別について違憲判決を下すまで一年以上続きます。黒人の利用者が多くを占めていたこともあり、バス路線を運営していたモンゴメリー市は経済的な打撃を受けました。

キング牧師は、この運動の勝利をきっかけに全米各地で選挙権を含む広く公民権を求める運動を展開し、一九六三年八月には首都のワシントンDCで「ワシントン大行進」と呼ばれる二〇万人以上の参加者によるデモ行進を成功させます。こうした運動の高まりがあって、一九六四年に公民権法が成立。黒人の参政権が保障されることになりました。社会秩序を問う人びとの抵抗の活動が積み重なるなかで新しく法律が制定されて、社会は変わっていきました。人種差別、女性差別、障害者差別の撤廃は現在では社会全体で共有すべき価値意識になっていますが、当初は一部の人びとの過激な主張と思われていました。公民権運動をここでは事例にしましたが、社会運動は社会の常識を変えていくことで、社会をよりよいものにしていく役割を担っています。

最近では、人びとの抗議デモや集会で政権を退陣に追い込む運動が世界で展開されました。「アラブの春」は、二〇一〇年一二月にチュニジアの中部の都市で青果商の青年のモハメド・ブアジジが警察や行政の度重なる取り締まりに抗議し、焼身自殺するところから始まりました。これに対する怒りを共有した人たちが抗議デモを行い、その様子が衛星放送のアルジャジーラやネットニュースで広がると、国内の不満が爆発し、長期独裁政権のベンアリ政権を打倒する抗議デモに至りました。チュニジアの政権打倒の情報はフェイスブックやツイッターといったSNSで拡散され、翌年二月にはエジプトのムバラク政権が、八月にはリビアのカダフィ政権の長期独裁支配が瓦解します。韓国では、二〇一六年から二〇一七年にかけて毎週土曜日に人びとがキャンドルを持ってソウルの光化門に集まり、抗議集会が開かれました。回によって参加者は一〇〇万人を超えました。最終的に朴槿恵大統領は退陣することになります。抗議集会には中学生や高校生も参加していました。

選挙で選んだ統治者であっても、被統治者の側がその政治のあり方に納得がいかなかった場合には、デモや抗議集会によって退陣に追い込むこともまた民主主義の実践です。選挙とは私たちの代表者を選ぶことですが、選挙後は選んだ政治家にすべてを白紙委任し、当選した政治家が決めたことだから仕方がないと受け入れるのは、民主主義を担う市民の態度ではありません。シティズンシップ教育が重視されるなかで、道徳の授業で選挙を扱う機会は増えてくることが予想されます。しかし、「一票を投じることの意味」を強調することで、選挙権の行使だけが市民の政治参加の唯一の方法であるかのように子どもに感じさせてしまうのでは、市民の政治参加の多様性や可能性に気づくことができなくなります。

自分たちの声を政治に届けて、治者と被治者の同一性である民主主義を実践するために私たちは何をなすべきなのか――この問いを根本に据えることが、「市民的徳性」を育む道徳授業の要件だと考えます。教材文もこうした観点から読み解き、不足があればそれを補っていくことが大切です。

世界の若者に目を向けると、選挙権と被選挙権が同じ要件であることが多く、アメリカでは一八歳の高校生市長が誕生しています。フランスや韓国では、中学生、高校生が自分たちの生活に身近な入試改革のあり方や学費の値上げなどに反対し、デモを組織して抗議活動を行い、社会に対して自分たちの意思を伝えています（首藤信彦『政治参加で未来を守ろう』岩波書店、二〇〇六年を参照）。日本の常識が世界の非常識であるということを教師が伝え、若者の政治参加が世界では豊かに展開していることを情報提供するだけでも、子どもの視野は（そして教師の視野も）広がるのではないでしょうか。

2　家族のための自己犠牲は「家族愛」なのか

痣のある母の顔は美しいか

話題は変わって、「主として集団や社会との関わりに関すること」の主題として逸することができないのが「家族」。それを道徳の授業でどう取り上げるのかを考えます。「家族愛、家族生活の充実」は道徳の授業で取り扱うべき重要な内容項目となっています。

社会のなかで価値やルールを学び、そのことで他者と相互の役割行為を遂行できるようになることを社会化といいます。個人の社会化にとって、家族という場が果たすべき役割は大きいとされています。ファシズムを支えたのは、さまざまな社会現象に対して特定の権力と威光とを有するものをよりどころとして判断し行動をとるような意識であるところの権威主義であり、そうした権威主義的な人間を生み出すうえで家庭環境は大きく影響しているという社会心理学の研究もあります。ですから、道徳の授業のなかで家族を考え、議論し、そこでの人間関係を問い直す作業は「市民的徳性」を陶冶するうえで必須です。

道徳の教科書では、どのような家族が描かれているのか。以下では、複数の教科書会社が採用している定番の教材文「美しい母の顔」を事例に家族像の問題性を検討したいと思います。

この話は女子中学生のM子の自分語りで進められます。M子の母は顔に痣があり、醜悪な顔をしています。そのことをM子は日頃から恥ずかしく思っており、母と一緒にいるところを見られたくありません。「たまにはお友達を呼んだら？　お母さん、おいしいケーキ作ってあげるわよ」という母の言葉もありがた迷惑です。

ある日、M子の母が宿題の忘れ物を届けに中学校にやってきます。M子は醜悪な顔をしている母の存在が周囲に知られてしまうことに焦ります。ちなみに、M子の母は風呂敷に娘の宿題を包んできます。学習指導要領の「我が国の伝統と文化の尊重」を反映した記述なのでしょうが、ちょっと浮世離れしている人物設定になっているようにも思います。

M子は母に会うやいなや、学校へ来るなと言ったはずだと怒鳴ります。それでもニコニコしている母から風呂敷包みを乱暴に奪いとり、「そんなおばけみたいな顔で、いつまでもいないでよ」と再び怒鳴り、母の方を振り向くことなく教室に駆け込んでいきます。

その夜のこと。M子の父が登場します。なぜか道徳の教科書で大人気のフォーク歌手さだまさしの「関白宣言」よろしく、「M子、お前に話しておきたいことがある」と呼び出します。そして、母の痣の真相を「静かに」語り始めます。M子が一歳のときに火事があり、その痣は母がM子を抱いて逃げたさいにできたものであるが、娘がこの事実を知って心理的負担にならないようにと母が口をつぐんできた事情が明らかにされます。また、M子の顔がきれいなのは母のおかげであり、その痣を見るたびに「ありがとう。ありがとう。本当にありがとう」とM子の父は心のなかでお礼を言ってきた事実が打ち明けられます。

この話を聞いたM子は、「後から、後から流れてくる涙をどうすることもでき」なくなります。そして、母の痣は私への「愛のしるし」であると理解し、「よそのどんなきれいな顔のお母さんよりも、私は私の母の顔を美しい」と思うようになる。そういう話です。実際の授業では、M子の流した涙の意味を子どもに考えさせて、母の「無私の愛」の尊さを確認するという展開が多いようです。

この話では、娘に対して母が自分の痣の理由を語らないことが美徳とされています。これほどの思慮深さがあれば、娘が自分の容姿を気にしてその存在を隠したがっていることくらいはすぐに気づくはずだとも思いますが、それはひとまず措いておきましょう。母親の自己犠牲は美しいという観念が議論の前提となっている。子どもへの本能的・先天的な愛情である「母性」が教材文の世界では賛美されていることをまずは確認しておきたいと思います。

ですが、それこそM子さんのために痣を消すといった美容整形を考えなかったのでしょうか。最近では傷痕が残らないようなレーザー治療が実現されています。それとも「愛のしるし」ということで、どうしても残しておく必要があったのでしょうか。そうだとしたら、痣でしか証明できない「愛」とは何なのか疑問が生じてきます。

この教材文では母の「自己犠牲」や「無私の愛」が強調されているわけですが、裏を返して言えば、自分の美を主体的に追求することが許されていない存在として母が描かれてしまっています。美を追求することが自分らしさではなく、わがままであるかのように読者に感じられてしまう構造になっているということです。

娘の立場に立てば、醜い顔をした母を周囲に見せたくないという心情は理解できます。この教材文では、「顔のやけどは愛のしるし」であり、「母の顔を美しい」と思うようになったとM子をして語らしめていますが、こうした語り自体がM子にとっては抑圧的ではないでしょうか。母が醜悪な顔をしているのは動かしようもない事実であって、この事実から目を逸らすことはかえって不道徳ではないかと思うのです。

そもそも、家族（全体）のために女性（母）は自己を犠牲にするという発想と論理がおよそ民主主義的ではありません。戦後の日本国憲法では、すべての国民は個人として尊重されることが謳われ、男女の法的地位の平等と同権が保障されました。戦前の民法も改正されて、家制度は廃止されました。家庭内の理不尽な序列や差別は憲法上否定されたのです。教育基本法では教育上の男女平等、男女共学が明記され、労働基本法には男女同一労働同一賃金が謳われました。戦後の民主主義は女性を男性と同じように自己決定権の主体である「市民」として位置づけるものでした。

自分のことは後にして、子どもの幸せのことを考えて自己を犠牲にする母。こうした母の振る舞いは美しく、娘として目指すべき母のあり方だ——このような役割期待を受け取り、そうした行為を実際に遂行することで、「母性」という概念は個人を通じて社会のなかで再生産されます。

この教材文には、M子が「母性」概念を獲得させせられるプロセスが描かれています。私たちはその現場を目撃しているわけです。そうであるからこそ、M子の語りについて、その社会化のあり方について、ジェンダーの視点から「問題」にすることができますし、しなくてはいけません。教室のなかでM子の語りに対する違和感を子どもが述べることができないのであれば、つまりは、M子の涙の意味を考えさせることでM子の語りに共感することを教師が一方的に子どもに促すのであれば、「母性」という特定の価値意識を子どもに強制することになります。そうなったときに、優等生のよい子ほど率先して女性が個人として生きることに対する後ろめたさの感情を心のうちに育ててしまい、自らの手で自由を押しつぶしてしまうことは十分に考えられます。

取り乱す娘とそれを諭す冷静な父

痣の理由を告げるのが父であることにも注目しておきましょう。娘が取り乱しているところを冷静沈着な男親が出てきて、その理由を理性的に説きあかす。こうした構図は道徳の教科書によく見られます。

「美しい母の顔」に似た「炊きたてご飯のお弁当」という教材文があります（東京都教育委員会「『特別の教科　道徳』移行措置対応　中学校版　東京都道徳教育教材集」二〇一六年に所収）。中学校の女子ソフトボール部のキャプテンを務めている祥子が、大事な練習試合の日にもかかわらず母がちゃんと起こしてくれなかったと朝から母を責めたて、学校に着くと今度は遅刻したことを顧問に叱責されます。祥子はすっかりふてくされて、母の弁当を残してしまいます。帰宅すると、これまた父が出てきて、娘を仏壇の前に座らせ、自分の亡くなった母（祥子にとっては祖母）が自らは残りの冷や飯を食べて、息子には「炊きたてご飯のお弁当」を用意してくれていたエピソードを話し、祥子もまた母の献身的な愛に包まれているのだと諭します。

取り乱す娘と、それを諭す冷静な父、献身的な母（主婦）。この組み合わせは道徳の教科書によく出てきます。「男は仕事、女は家事育児」という性別役割分業意識が根強く反映されています。家庭内で問題が生じた場合でも、問題の所在は子どもの行いや態度にもっぱら求められ、親のあり方が問われることはありません。親子の関係性のあり方が「問題」にならないのです。道徳の教科書ではよく子ども（特に娘）が泣き、改悛の情を示す場面が描かれます。家出はおろか、親に反抗して距離を取ること自体が子どもには許されていません。親の前では健気な「いい子」でなくてはいけないのです。

現実の家族という人間関係において、夫婦関係も親子関係も必ずしも対等平等ではありません。そこには非対称的な権力関係がはらまれています。そうであるからこそ、家族を構成する一人ひとりが、それぞれに自立する生き方を追求するには家族を一つの社会秩序としてとらえ返し、そこでの権力関係を意識化しておく必要があるはずです。親の言うことを聞かない「悪い子」は道徳の教科書の世界にはいません。裏を返して言えば、親の言うことを聞かせようとする権力性が貫徹しています。親の権力性が自覚的に取り出されて、子どもが家族のなかで個人として尊重され、安心・安全にいられるためには、どうしたらいいのか。そうした問いかけが輪郭をとらないように道徳の教科書の世界はつくられているのです。それは大人にとって実に都合のいい世界です。

■「家族愛」という名の親の支配――太田明日香『愛と家事』を手がかりに■

ここに太田明日香『愛と家事』(創元社、二〇一八年)という小さな本があります。自身の母との関係や、二〇代のときに妻として経験した離婚について率直に綴ったエッセイ集です。当事者である太田さんの語りからは、親子関係の抑圧性や離婚とはどういう経験なのかがリアルに見えてきます。

太田さんは、「家族というものを、愛情でつながれた関係のこと」だと考えていたと振り返ります。そうであるからこそ、「結婚に失敗したということは、人を愛したり愛されたりすることに失敗したのであり、「人として何かが欠けているようで受け入れたくなかった」。そして、「愛には収支があるのだ。一方的なものだとどちらかが疲れたり、誰かをだめにしたり苦しくさせる。無限ではないから与え続けることは不可能だし、かといって受け身で受け取り続けると負債がたまった。愛はコントロールしないと人を傷つけると知った」と述べています(九-一一頁)。

夫婦の人間関係が支配と服従の権力関係である場合には、「離婚」という選択が子どもの安心・安全を守り、親が自由に生きるきっかけになることは十分にありえます。しかしながら、夫婦を核とした「家族愛」を価値とする道徳の教科書では、シングルマザー・ファーザーの家族は例外として扱われます。離婚した親を持つ子どもは、道徳の教科書を前にして、自らの家庭が標準とは異なる欠損した家庭であるとの認識を抱きかねないと思います。「離婚」を決断した親についても、夫婦の支配的な権力関係から自分自身を自らの手で解放することに成功した人としてではなく、「愛」に失敗した人であると否定的にとらえてしまう見方や考え方を誘発するだろうと思います。

太田さんの「愛には収支がある」という実感にも耳を傾けておきたいと思います。道徳の教科書には、母の「自己犠牲」や「無私の愛」の美しさが謳われていますが、現実の母は娘や息子に対して、こんなにも私はあなたを愛しているのに、なぜわかってくれないのというように、愛の押し売りをしている場合が少なくないのではないでしょうか。「心配」という名のもとに、わたしの気持ちを聞かないで、わたしの人生に踏み込まれたと思ったことが何回もありました。お母さんはわたしのためと言いましたが、自分が「安心」したいから、自分が理解できる人生を歩ませようとしただけに見えました」（三七頁）という太田さんの文章は辛辣ではありますが、「痣のある母の顔を美しい」と思う自己欺瞞的な態度とは対極的であり、親子関係のリアルをよくとらえています。こうした文章に触れるだけでも、私たちは「家族愛」をめぐって思考をめぐらすことができるのであり、よりよい親子関係とは何かを考えることができると思います。

　ところで、小学校三年生の道徳の定番教材である「お母さんのせいきゅう書」は、たかしが母に「お使い代」「お掃除代」「お留守番代」として五〇〇円を請求するのに対して、母からの請求書には、「親切にしてあげた代」「病気の時に看病してあげた代」「洋服や靴やおもちゃ代」「食事代や部屋代」が計上されているもののゼロ円とあり、母の無償の愛に触れることでたかしが泣くというものです。「家事の値段」をどう試算するかの課題は残されているものの、お互いに「請求書」を発行しあうというドライな関係は「家族愛」の内実を可視化し、「愛をコントロール」するやり方として必ずしも悪いものではないのではないか。たかしの涙でせっかくの風通しのいい親子関係をウェットなものにしないほうがいいと思います。

　ただし、この教材を通じて家族の人間関係の相対化を教訓として引き出すには、小学校三年生の発達段階では難しいとも思います。たとえば、この教材を中学校三年生の「家族愛」をテーマにした回で取り扱い、どのような「家族愛」を価値として小学校三年生――それはかつての私でもあるわけですが――に伝えようとしているのかを子どもと一緒に確認したうえで、それについてどう思うかを考え、議論する授業も構想できるのではないでしょうか。母の自分への「愛」が重たいという子どもの発言が教室から出てくれば、議論は盛り上がるのではないかと思うのですが、どうでしょう。

■子どもにとっての視点■

道徳の教科書のおける「家族愛」の強調は、私が生まれてきたこと、そして育ててきてもらったことを親に感謝する、最近の小学校で流行りのようになっている「二分の一成人式」に通じています。「二分の一成人式」とは、成人の二分の一の年齢の一〇歳になったことをお祝いする行事。保護者が参列するなかで、親（主に母親）への感謝の手紙を読んだり、「本当はだいすきなのに意地をはってしまうこともあったよ」「だけど、たくさんほめてくれてありがとう」「僕たち、私たちを産んでくれてありがとう」といった呼びかけをしたり、親への感謝の気持ちを込めて歌を歌ったりするものです。

しかし、子どもが感謝すべきは親なのでしょうか。これまで見てきたように、道徳の教科書ではやたらに子どもが無償の親の愛に触れて感謝の気持ちで泣くのですが、実際には「感謝」ではなく、親や教師あるいは社会から受ける「理不尽」で泣いていることが少なくないのではないでしょうか。私ごとですが、自分の仕事で手いっぱいになって、ストレスがたまっているときに、つい子どもに感情的に当たってしまうことがないとは言えません。そんな後、自分の感情の「引き出し」として子どもを利用してしまったことに自己嫌悪するのですが、子どもにとって理由がわからずに叱られることほどコミュニケーションに絶望することはないと思います。これでは相手を信頼し、コミュニケーションによって問題を解決していこうとする「市民的徳性」は育ちません。

最近、『沈没家族』（加納土監督・制作、二〇一九年公開）という映画を見ました。加納穂子さんというシングルマザーが、「いろいろな人と子どもを育てられたら、子どもも大人も楽しいんじゃないか」との発想から、「一緒に子育てをしませんか?」というビラを地域で撒き、「共同保育人」（保育士資格は問わない）を募集し、血縁でもなんでもない雑多な人びととの共同生活・共同保育（「沈没家族」と命名）をスタートさせます。映画『沈没家族』はかつての取り組みを育てられた息子の立場から追跡・検証したドキュメンタリーです。

その「沈没家族」で土さんとともに四歳から一〇歳までを過ごした萌さんは、あるインタビューに応えて次のように述べています。

一番よかったのは、家の中で、親以外に甘えられる場があったことだと思います。いわゆる〝普通〟の家庭でも、お母さんが感情で子どもを叱ってしまうことはあるじゃないですか。そういうときも、親でもきょうだいでもない赤の他人が客観的に見て「しのぶさん（萌さんの母）、それはちょっとおかしいんじゃない?」とか、「めぐはちゃんとそれ、やってたよ」とか、フォローしてくれる。育児の相談をできる人が周りにいるのは、たぶん母にとっても大きいことだったんじゃないかと。

子ども一人に対して大人がたくさんいる、という環境はすごくいいと思うし、大事なこと。家族という形じゃなくてもいいので、いろんな子どもたちにその環境があればいいなと思います。(1)

先に触れた太田さんは、「愛」を家族の紐帯《ちゅうたい》にするのではなく、「共同経営者、生活共同体のような集団でお互いメリットがあって、相手を尊重して生活する」共同体として「家族」をとらえ直してみてはどうかと提案をしています（一一四頁）。「沈没家族」の実験的な試みは、そうした太田さんの提案に呼応しているように私には思えます。「家族」を血縁に限定するのではなく、「自分の子」と「よその子」を区別することなく、多様な人間関係のなかで子どもも大人も育ち合う、助け合う社会をつくることは、子どもが人生の多様性に触れる機会となるのみならず、孤独な子育てから母を解放することにもなるのではないでしょうか。

「家族愛」の内実が自分の子どもだけよければいいというエゴイズムであれば、社会全体として「子どもの人権」を保障することができなくなってしまいます。どの場所（家族）に生まれ落ちようとも、この世に生まれ落ちた以上、すべての子どもの最善の利益が保障されなくてはいけません。そして、子どもの人権が保障される社会は向こうから歩いてやってきてくれるわけではありません。それを私たちの手でどうつくっていくかは政治の問題なのであり、私たちの政治参加のあり方がここでも問われているのです。

3 自己責任論に絡め取られない道徳教育へのアプローチ

規則だから従うという思考停止

子どもが安心・安全に、そして楽しく生きていくことができるためには、そうした生き方を可能にする社会が必要です。そして社会を維持運営するためには一定のルールや道徳が必要です。しかしな

（1）大塚玲子「複数家族で同居「共同保育」で育った27歳の本音 「沈没家族の子」は〝かわいそう〟だったのか」、『東洋経済 ONLINE』 https://toyokeizai.net/articles/-/287835

がら、「遵法精神、公徳心」を主題にした道徳の教科書の教材文については、社会の常識は本当に正しいの？　という問いを持ちながら批判的に読み進めないと、子どもを自己責任論に封じ込めてしまう危険性が大いにあります。中学校の道徳授業の定番教材「二つの手紙」はそうした好例です。自己責任論の何よりもの問題は、政治参加によって自分たちがよりよく生きることのできる社会をつくろうという発想と論理を見えなくさせてしまうことにあり、道徳の授業で「集団や社会との関わり」を考えるためには、集団や社会の問題を個人の努力不足から生ずる自己責任の問題に還元しない授業展開が必要だということをここでは強調しておきたいと思います。

あらすじは次のようなものです。定年までの数十年を動物園に勤務していた元さん。「勤勉さと真面目さ」が評価されて、定年退職後も臨時職員として引き続き雇用されることになりました。

ある日、入園終了時刻が過ぎて入り口を閉めようとしていたところ、小学校三年生くらいの女の子と、三～四歳くらいの男の子の幼い姉弟がやってきます。入園時刻は過ぎています。園の規則では、小学生以下の子どもは保護者同伴でないと入園できません。もちろん、元さんはこの規則を知っています。しかし、「今日は弟の誕生日だから」と入園料をしっかり握りしめて今にも泣き出しそうな姉の姿を見て、「何か事情があって、親と一緒に来られない」ことを悟った元さんは、二人の幼い姉弟を入園させます。ちなみに、元さんは定年間際に妻を亡くし、二人の間に子どもはなく、話し相手も身寄りもないという設定です。定年まで会社人間として勤めあげた男性の地域デビュー問題の深刻さをうかがわせます。

さて、閉園時刻を過ぎても姉弟は戻ってきません。園内の職員総出で二人の捜索が始まり、園内の雑木林のなかの小さな池で遊んでいたところを発見されます。

数日後、元さんは「二通の手紙」を受け取ります。一通は、姉弟の母親からお詫びとお礼の手紙。

もう一通は、勤務先である動物園からの「懲戒処分」の通知です。特別な教科化の前は「解雇通知」だったようですが、さすがにこれは「解雇権の濫用」だということで、教科書では改められています。労働法では「客観的合理的」な理由があり、「社会通念上」相当な場合でないと会社は解雇できないことにもなっており、元さんの場合で言えば、この程度で解雇されることはありえません。

元さんは「二通の手紙」を握りしめて、晴れ晴れとした顔で「この年になって初めて考えさせられることばかりです。この二通の手紙のおかげですよ。また、新たな出発ができそうです。本当にお世話になりました」との言葉を残して、職場を去っていきます。

立命館大学大学院教授の荒木寿友さんは、この教材について「規則がなぜあるのか、規則によって何が守られているのか」を考えさせることが大事であり、これまた定番教材の杉原千畝を扱った「六千人の命のビザ」と比較対照させながら、杉原千畝と元さんはともに「規則を破る」という行為をしたが、杉原千畝は英雄として描かれている、この二人の違いはどこにあるのかと子どもに問いかけることを提案しています[2]。

杉原の場合にはユダヤ人の権利や生命を守ったが、元さんは入園させることで姉弟を危険にさらしてしまったのであり、両者を比較することで、人間の権利や生命といったより広い視点から法や規則を考えることができないか、と荒木さんは言います。ですが、杉原と元さんでは置かれた環境や与えられた権限が大きく異なっており、単純な比較はかえって杉原の歴史的偉業を貶めてしまうように思えます。

（2）荒木寿友「道徳授業づくり実践講座（5） 定番教材「二通の手紙」を用いた道徳の授業づくり」、https://www.meijitosho.co.jp/eduzine/q4um/?id=20180926

そもそも元さんの行為だけをとりあげて、規則を守ることが大事なのか、他者を思いやることが大事なのかを問うこと自体に無理があると思います。そうした問いの立て方では矛盾する現実社会との接点を欠いた抽象論になってしまいます。「遵法精神」という観点から性急に元さんの行為を裁く前に、元さんを懲戒処分に追い込んでしまったように見える姉弟の行為について、まずは考えてみてはどうでしょうか。私ならば、姉弟の母親からの手紙を検討の素材にして授業を進めます。

■現実社会を前に抽象的な道徳は意味をなさない■

以下に、元さんが姉弟の母親からもらった手紙を引用しておきます。

> 前略
> 突然のお手紙で驚かれることと思います。お許しください。私は、先日そちらの動物園でお世話になりました二人の子供の母親でございます。その節は、皆様に大変な御迷惑をかけてしまいましたことを心よりお詫び申し上げます。
> 実は、主人が今年に入って病気で倒れてから、私が働きに出るようになったのです。
> その間、あの子たちは、いつも私の帰りを夜遅くまで待っていることが多くなりました。弟の面倒を見ながら待っている幼い娘の姿を想像すると、どんなに大変だったか、寂しかったか。
> 今更ながらに胸が痛みます。そんな折りに、子供から聞いたのが動物園の話でした。今度連れて行ってあげると言ってはみるものの、そんなめどすら立たない日々でした。
> よほど中に入りたかったのでしょう。弟の誕生日だったあの日、娘は自分で貯めたお小遣いで、

どうしても中に入って、弟に見せてやりたかったのだと思います。

そんな子供の心を察して、中に入れてくださった温かいお気持ちに心から感謝いたします。自分たちの不始末は、子供ながらにも分かっていたようでした。けれども、あの晩の二人のはしゃぎようは、長い間この家で見ることのできなかった光景だったのです。

あの子たちの夢を大切に思ってくださり、私たち親子にひとときの幸福を与えてくださったあなた様のことは、一生忘れることはないでしょう。

本当にありがとうございました。

かしこ

私ならば、この手紙を文字どおりに受け取り、その中身を読み取らせるのではなく、この手紙について何か「変だなあ」と思うところはないかと子どもに発問し、子どもから疑問や意見を引き出しながら、教材の矛盾を明らかにしていくような授業を展開します。

たとえば、動物園に連れていってあげたいと思えども、それが実現できないくらいに仕事が忙しい。こうした状況は「変だなあ」。母親は複数のパートをかけ持ちして働いているのかもしれませんが、パートタイム労働者であったとしても、一定期間働いていれば有給休暇を基本的に好きなときに取ることができます。慢性的に人手が不足している、日常的に業務が忙しいといった理由で、会社が有給休暇を取得させせないのは違法なことなのです。知っていましたか？ 会社は可能なかぎり代替の労働者を確保するように配慮しなくてはいけません。こうした労働者としての権利を、この母親は知らなかったから行使することができなかった。それが今回の悲劇につながっています。

また、「主人が今年に入って病気で倒れてから、私が働きに出るようにな」り、子どもたちは「私の帰りを夜遅くまで待っていることが多くなりました」とあります。このモーレツな働き方ぶりは「変だなあ」。この教材文は、夫が病気になって、妻はハードな働き方を迫られる設定になっていますが、仮に夫が会社員であるとすれば、病気休業中に被保険者とその家族の生活を保障するために設けられた「疾病手当金」といった制度を活用することができます。病気やケガによって生活や仕事などが制限されるようになった場合、現役世代であっても「障害年金」を受け取ることは可能です。裏を返して言えば、この教材の矛盾（「変だなあ」）を読み解くには、教師の側に労働法や社会保障制度に関する知識が必要になります。

この母親は姉弟がやったことについて「自分たちの不始末」という言い方をしています。姉は小学校三年生くらい、弟は三～四歳くらいです。子どもたちがこうした行為に及んだことを、あたかも彼らの「自己責任」であると突き放しているような母親の書きぶりも「変だなあ」。さらに、「私たち親子にひとときの幸福を与えてくださったあなた様のことは、一生忘れることはない」という感謝の気持ちも何か空々しい。こうしたお礼の仕方も「変だなあ」。子どもたちがこうした行為に及んだのは、なぜなのか。その原因を真摯に考えて、保護者としての責任をしっかりと果たそうとすることが、まずは大事ではないかと思うのです。

もっとも、母親の育て方が悪いというように、今回の子どもたちの行為についての責任を母親にだけ押しつけることもまた間違っていると思います。母親のハードな働き方や低所得といった問題は社会全体で取り組むべき課題であり、政治の問題でもあります。

この手紙からは、母親の代わりに子どもたちを動物園に連れていってくれる、困ったときに助け合うことのできる、頼ることのできる地域の友だちがいなかったことも類推できます。この夫婦・親子は、「経済の貧困」のみならず「関係の貧困」に陥っていたのであり、社会福祉の貧困もまた、母親とともに今回の事件に対する責任を分かち合わなくてはいけないのではないでしょうか。

そうであるからこそ、元さんの「子供の心を察して、中に入れてくださった温かいお気持ち」では、この家族が直面している貧困問題を解決することはできません。これも「変だなあ」です。個人の気持ちの問題ではなく、社会の問題だからです。元さんには少々酷な要求になるかもしれませんが、親と一緒に動物園に来ることができない事情を察したのであれば、親とまずは連絡をとって、困りごとの相談に乗り、民生委員・児童委員を介して行政につなぐ、あるいは弁護士に相談してみることを勧めることはできなかったのか、と思います。社会の問題は社会のなかで解決されなくてはいけません。社会の問題を個人の心がけの問題にしてしまっては、根本的な解決は無理です。

元さんは「晴れ晴れとした顔」で職場を去りますが、こうした表情にも「変だなあ」というツッコミを入れておきましょう。ここには社会福祉の貧困が親子を苦しめていることへの共感共苦はないように見えます。元さんの言動からは、親子のその後を、子どもたちの未来を案じる気配はありません。自ら進んで会社の意向に沿って退職の道を選んでしまう元さんは労働者としての権利に無自覚であり、そういう人が自己責任論に絡め取られ、貧困にあえぐ親子に対して社会の責任の次元を意識できないのは、決して不思議ではありません。嫌味な言い方をすれば、この点でこの教材文は筋が通っていると言えます。

こうして見ると、母親のお詫びとお礼が書かれているこの手紙には、日本社会の貧困問題がくっきりと映し出されているものとして読み解くことができます。そして元さんの「遵法精神」は社会正義の実現とは無関係な場所にあるからこそ、元さんの行為だけをとりあげて法や規則を守ることの是非を論じたところで、それは抽象論でしかなく、およそ無意味だというのが私の結論です。

道徳の教科書の全体を見渡すと、ジェンダー化された「家族愛」が強調される一方で、「二通の手紙」に明らかなように、社会や国家によって保護されるべき家族が放置されたままになっていることがわかります。このように教科書が描き出す家族像は、社会や国家に対してできるかぎり迷惑をかけることなく、男女の性別特性を踏まえて家族がお互いに助け合うような「家族の尊重」規定を盛り込もうとしている自民党の憲法二四条の改憲案の世界と響き合っているようにも見えます。社会福祉の貧困に目を向けず、自己責任で銘々の人間が勝手に生き延びろというのであれば、人びとの合意でよりよい政治社会をつくろうという民主主義は不要になってしまいます。

逆に「二通の手紙」の解読を通じて自己責任論の問題性が明らかになれば、ここからたとえば「ホームレス問題」に授業を発展させていくことも不自然ではありません(3)。道徳科と社会科を横断する授業を創造することができます。ホームレス状態を放置している社会や国は、はたして「道徳的」なのか。自分たちが望むのはどのような社会であり、国なのか。このように問いかけることができれば、子どもを自己責任論の呪縛から解き放ち、政治参加を考えるきっかけにもなるのではないでしょうか。

4 市民に生まれるのではない、市民になるのだ

■道徳の授業だけでは足りない■

もっとも、道徳の授業で民主主義や市民としての生き方を価値として教えても、学校生活全体が民主主義の原理で貫かれていなければ、道徳の授業は建前になってしまい、しらけてしまいます。ここでは、私の二人の小学生の子どもが通っている学校で実際にあった「午前五時間制」導入をめぐる顚末をお話ししたいと思います。

二〇〇二年から全国の学校で「学校週五日制」が完全実施されるようになりました。ところが、近年になって英語の教科化など増える授業時間数を確保するのにどこの小学校も頭を悩ませており、「土曜授業」が行われることも多くなりました。そんななか、子どもの小学校で「午前五時間制」の導入の話が持ち上がりました。

校長名で保護者宛に配布されたお知らせには、「午前五時間制」は「子供たちの学びに向かう力をさらに高め、子供を中心に据え、教職員、保護者、地域、小学校に集う方々にとっても、より良い方向に向かう改革」であることが謳われていました。手順としては、「午前五時間制」を試行する、その後にアンケートを行い、保護者との意見交換の場も設ける、とありました。私がカチンときたのは、「安心して午前五時間制が導入できるように配慮してまいります」との文言でした。導入をすでに決めているのであれば、アンケートも保護者との意見交換も単なる儀礼にすぎなくなってしまいます。

四日間の試行期間がありました。そこで判明したのは、まずもってその学校で働いている教員にとって大きな負担であったことです。「午前五時間制」の導入によって子どもの登校時間は三〇分程度早まりますが、それに合わせて教員もまた早く登校しなくてはなりません。子どもを保育園に預けている子育て中の教員から、これではやっていかれないという声があがりました。

しかも、アンケートの回答を求められたのは保護者だけでした。実際に登校し、授業を受ける、学校生活を送る、学校の主役である子どもに直接その是非を問うことはありませんでした。そもそも、

（3）「ホームレス問題の授業」については、野宿者襲撃問題を解決したいと支援者、ジャーナリスト、学校教員等、それぞれの立場から、学校での「ホームレス問題の授業」に取り組んできた有志で運営している「ホームレス問題の授業づくり全国ネット」http://hc-net.org/ が教材開発に取り組んでいます。ぜひ参考にしてみてください。

子どもにアンケートを取るという発想自体が学校側になかったようにも見えます。子どもの権利条約の第一二条には、子どもは自分に関係することについて自由に自分の意見を表す権利を持っているとあるにもかかわらずです。子どもを子ども扱いする学校（大人）の姿勢は子どもに伝わってしまいます。息子たちとこの件について話をしていて感じたことは、学校生活のあり方が大きく変わる事柄であるにもかかわらず、その大事な決定を当事者である子ども抜きに勝手に大人が決めてしまうことへの不満でした。それは、この国で民主主義をあきらめる第一歩になっているように思えてなりませんでした。

子ども（被統治者）にとって自らの学校生活を左右する重要な決定であるからこそ、その是非について校長（＝統治者）と同じように意見を持つことができるのが民主主義です。そして、子ども同士で、あるいは校長を含む教師や保護者たちとの間で意見をたたかわせることによって、学校としての意見を集約してよりよい合意を形成していくことが望まれます。学校長の強いリーダーシップはその過程でこそ発揮されるべきものであって、トップダウンで決定を押しつけることではないはずです。

アンケート結果は賛成少数でした。結局のところ、「午前五時間制」の導入は拙速として見送られることになりました。学校長からすれば想像を超える厳しいものであったかもしれません。しかし私は、一部の人の思いつきに学校全体が振り回されてしまうことを良しとしない保護者や子ども（おそらく保護者はアンケートを記入するさいに、子どもに相談したと思いますので）の民意がよく反映された結果だったように思います。

松下圭一さんは「市民としての政治成熟には、市民がみずから政治に参加することが不可欠である」と指摘し、「これは、学校型の教育によっては身につけることはできない。市民の徳性の成熟には、ひろく参加のチャンスの拡大が要求される。市民参加が最良の市民訓練なのである」（松下圭一

『市民文化は可能か』岩波書店、一九八五年、五一頁）と論じています。ここで松下さんは、教師が正解を独占しているような知識伝達型の「学校型の教育」を問題にしているのであり、学校教育全体を否定しているのではないことに注意が必要です。

「午前五時間制」の導入でも、子どもたちがどういう学校生活が理想なのかを考え、議論するなかでその是非が決まっていけば、子どもたちは学校という自分たちの社会のルールをつくる自治の経験を持つことができたはずで、「市民としての政治成熟」が可能になったと思います。

子どもは学校という社会を生きています。そこにある社会秩序やルールに対する違和感を梃子にして、現在の私たちを取り巻く秩序やルールは何のためにあるのか、それは誰のどういう利益を守っているのか、そこにはどういう問題が伏在しているのかを議論し、改善に向けて行動する。こうした政治的経験を積むことによって、「市民的徳性」は実践的にも育まれるのではないでしょうか。たとえば、中学生が他校にあって自校にない部活動を立ち上げようと、仲間を募り、顧問のなり手を口説き落とす経験や、生徒の自由を束縛するような校則――たとえば下着の色は白色と決めている中学校があるようですが（こうしたルールを、ある会社で従業員に強制したら大きな社会問題ですが）、それを変えていこうと学校内で活動する経験。こうした経験は、自分たちの社会（学校）を自分たちでつくろうとする民主主義の実践そのものです。

▩ 子どもの政治参加を励ます大人でありたい ▩

そのうえで、私は子どもが積極的に学校の外に出て政治に参加し、「市民的徳性」を身につける経験を積んでほしいとも思っています。

政府の政策に反対するビラや、世界で戦争が起きようとしたらそれに反対するビラをつくって校内外に撒く。実際にデモに参加する。デモに参加しようと学校や地域の仲間に呼びかける。メールでもいい、直接に会いに行ってもいい、私たちの代表者である政治家に私たちの声を伝えていく。現実政治について自分の意見を表明することは立派な政治参加です。

恥ずかしながら、私自身が「市民」として生きていると実感するようになったのはごく最近のことで、三〇代も半ばになってからのことです。二〇一一年三月一一日に東日本大震災とそれに伴う東京電力福島第一原発事故が転機でした。当時の私は、保育園に通う息子たちを被ばくから守ることに必死になるとともに、「脱原発」デモに参加し、原発の再稼働に反対する声をあげました。それは、私たちの社会はこうあってほしいという思いを路上で訴える、ほぼ初めての体験でした。二〇一二年の官邸前の抗議活動にも積極的に参加し、歩道に人が収まりきらなくなって鉄の柵が決壊し、官邸前に人が溢れたときに、私はその場にいました。この様子が翌日の新聞でヘリコプター上空からの写真付きで報道されると、私はそこに群衆としていた自分を発見し、身体を張って原発再稼働反対の意思を政府に対して示しえたことを改めて確認したのでした。

被統治者である「市民」が声をあげても、それを統治者が聴くことがなければ、治者と被治者の同一性である民主主義は最終的に実現しません。しかし、口先だけではなく、民主主義を実際に求めて行動を起こしたことで、「市民」としての責任の一端は果たしえたとも思いました。

もちろん、デモをやってすぐに社会が変わるわけではありません。だから無意味というわけではありません。実際に抗議行動を起こして学ぶことは多くあります。「脱原発」運動は現在では下火になり、いまだに日本政府はドイツとは異なり「脱原発」を宣言していません。日本社会がいかに長い時間をかけて原発依存社会を強固につくりあげてきたのかを痛感させられます。しかし、この痛さは実際に行動を起こすことで感じられたものであり、自らが社会の当事者であるのを確認することにもなりました。

恥ずかしがらず、あきらめず、私たちの社会はこうあってほしいと思うこと、それを他者に対して説得的に伝えようとすること、共感と支持を求めて実際に行動することの積み重ねのなかで、人は「市民」になるのだと思います。

選挙権がないからといって、子どもは政治と無縁な存在ではありません。子どもが現実政治や政治参加に関心を持ち始めたときに、教師や大人の側がそういう難しい政治の話はわからないからと取り合わない、あるいは、そういうことに関心を持つのはいいけど、それ以前に学校の勉強もしっかりやろうと政治参加の課題を先送りするのではなく、政治について子どもと語り合ってほしいと思います。子どもの自らが生きる社会に対して責任をとろうとしている、つまりは「市民」として成長しようとしているその姿勢を肯定し、励ましてほしいと思います。

政治に正解はありません。政治学者や政治家はいても、政治の専門家というのはいません。政治はみんなのものであり、私たちのものなのです。子どもと一緒に、こういう社会だといいなあと語り合うことは政治参加の第一歩です。そして、「主として集団や社会との関わりに関すること」を扱う道徳の授業の枠でそれは十分に可能です。

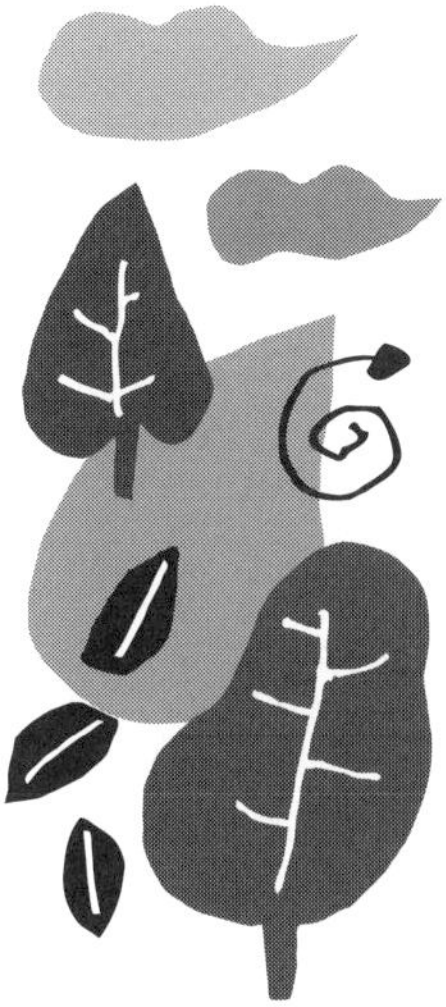

コラム③

音楽教育の成り立ちと道徳

日本の近代学校教育は、一八七二（明治五）年の学制によって始まりました。学制には、小学校の教科として「唱歌」が置かれましたが、実際に授業は行われませんでした。都々逸《どどいつ》や端唄《はうた》、三味線といった「歌舞音曲《かぶおんぎょく》」しか聞いたことのない人たちには、歌を唱えることが学校の勉強だとは思えず、また、当時は大人数で声を合わせて歌う習慣もなかったからです。

一八八二（明治一五）年、文部省は、日本の音楽教育を方向づけることになった初の五線譜教科書『小学唱歌集 初編』を刊行します。その緒言には、小学校では徳性を養うことが最も重要であり、音楽には人心を正し風化（徳による教化）を助ける性質があると書かれています。教学聖旨に基づいて修身が筆頭教科に位置づけられた、改正教育令期のことです。日本の音楽教育は、徳育に役立つという理由によって、スタートラインに立つことができたのでした。

さらに、唱歌を「歌う修身」と性格づけたのは、一八九一（明治二四）年の「小学校祝日大祭日儀式規程」でした。天長節や紀元節などの祝日には、全校生徒を集めて御真影への最敬礼と教育勅語奉読を行い、その日にふさわしい唱歌を歌うことが定められたのです。二年後、《君が代》《勅語奉答《ちょくごほうとう》》《天長節》などの儀式唱歌八曲が官報に告示されると、全国の学校で同じ日に同じ歌が歌われるようになり、唱歌の授業とオルガンが浸透していきます。

一九〇七（明治四〇）年には尋常小学校六年間が義務教育になると同時に、唱歌は必修科目となり、唱歌教科書は準国定となって、すべての子どもが《春の小川》《ふるさと》などの文部省唱歌を習うことになりました。「かの山」「かの川」という匿名の山川に自分の故郷の風景を投影して歌うことで、占領地を含む日本中のどこに住む人であっても「私たちの美しい国」に思いを馳せることが可能になったのです。

一方、校歌は校訓を徹底させる目的で生まれました。固有名詞として身近な山川を歌い、それらの名の下に「自校を誇り校名に恥じぬ生徒」であることを誓うのです。昭和戦前期までの学校では、寮歌や応援歌を含む仲間集団の団結力を強くする歌と、国家＝「想像の共同体」（B・アンダーソン）への思いを共有する歌を中心に教えられてきたといえます。

学校外では《鉄道唱歌》、軍歌、童謡、各地の新民謡などが流行し、日本人は次第に、みんなで声を合わせて歌えるようになります。昭和期になるとラジオ放送が始まり、昭和一〇年代には、《愛国行進曲》《海ゆかば》といった「国民歌謡」をはじめとして、国策に沿う歌が多く放送されました。音楽は戦意高揚のための軍需品となり、国民学校でも《兵たいさん》《白衣の勤め》《靖国神社》などの歌が教えられるだけでなく、「産業及国防」に資する「鋭敏なる聴覚の育成」が必要だとして、敵機の音を聞き分ける訓練も行われました。

戦後、政治運動や学生運動と結びついた「うたごえ運動」やフォークソングの流行などを経て、人びとは気軽にカラオケを楽しんだり、合唱コンクールで歌声を競ったり、好みのアイドルグループを見つけたり、世界中の多様なジャンルの音楽を享受してもいます。徳育と結びつくことで始まった学校の音楽教育も、今ではすっかり姿を変えたように見えます。

さて、歌わない民族や時代はないと言われます。ヒトは話すよりも先に歌うようになったことや、鳥たちの声、あるいはヒトが一緒に笑う行動のなかに原初のウタがあること、ヒトはヒトと声や音を同期させることに根源的な快の感覚をもつこと、歌う行為が社会関係をつくり出し維持していくのに不可欠であったことなどが明らかにされつつあります。人類の遺伝子には、ウタによる共同性共有のよろこびが深く刻み込まれてきたのでしょう。声を合わせて歌うとき、私たちの身体から同時に発された声が私たちの身体を包み込みます。この「歌う共同体」には、人の身体と心を奥底から把捉する、抗いがたい力が宿っています。

国歌もわらべ歌も、根源的にはすべて同じ機能によって社会関係をつくり出していきます。つまり、音楽は本来的に集団のものであり、ウタはどのような集団にとっても有用な道具となりうるのです。ウタにより伝えられ共有されるのは、歌詞の意味やメロディー以上に、集団の感情です。そこにこそ、音楽と道徳が結びつく要因が存在します。道徳が「特別な教科」となった今、学校音楽が共有しようとする集団の感情がどのようなものであるかを、冷静に見守り続ける必要があるでしょう。

（有本真紀）

ACT

第6幕

「生命の尊さ」を料理しよう

主として生命や自然、
崇高なものとの関わりに関すること

小野　祥子

1 セイメイノトウトサ?——モラルネコとナラノキ先生の対話

このねこどこのこ

自室の机の上にずらりと並べた中学校道徳の教科書を前に頭を抱えていると、背後で「ニャー」と我が家の飼い猫・びわ子とは違う猫の声がした。驚いて振り向くと、近所をうろついている野良猫のギャオスが前足を行儀よく揃えて座っている。

「ギャオスくん! どこから入ってきたの?」

「吾輩はギャオスではありません」

「ひぇ。しゃ、しゃべった!」

「吾輩はモラルネコです。ご近所さんの井戸端会議を小耳に挟んだところ、あなた、ナラノキさんはそこの中学校の国語の先生なんだとか。それで、道徳の授業とやらでお悩みのようなので、お話のお相手になろうと思って来たのです。つきましては、おたくのびわ子さんがいつも召し上がっている美味しそうなごはんをいただけますか?」

「やっぱりギャオスなんじゃ……」

モラルネコ、「学習指導要領」に爪を立てる

びわ子のプレミアムドライフードを食べたモラルネコは、前足で器用に顔を拭きながら言った。

「ごちそうさまでした。びわ子さんはこんなに美味しいものを召し上がっているから、あんなに毛並みが美しく、ふくふくされているのですね。さて、ナラノキ先生はどんなことでお悩みなのですか?」

「あのね、ギャ……モラルネコさん。今年度から道徳が教科化されて、「考え、議論する道徳」っていうことで授業をしてるのね。教科書は学習指導要領に則って項目立てされていて、ほら、項目Dに「主として生命や自然、崇高なものとの関わりに関すること」ってあるでしょう？　この項目はさらに「生命の尊さ」「動物愛護」「感動、畏敬の念」「よりよく生きる喜び」って細分化されていて、それに合わせて読みもの教材が選ばれているわけ。

この教材で授業をしたとして……「生命の尊さ」っていうものを、どう生徒に教えていけばいいのかしら。確かに生命は尊いものなんだけど、そのことを道徳の授業でどう展開していけばいいのか、悩んでいたところなの」

「なーる。「動物アイゴ」とは、吾輩のことも入っているんでしょうか。それにしても「セイメイノトウトサ」とか「イケイノネン」とは、どういうものなんでしょう。吾等猫属の世界にはないものですな」

「あぁ、そうなのか。学習指導要領にはこんなことが書いてあるの」

生命を尊ぶことは、かけがえのない生命をいとおしみ、自らもまた多くの生命によって生かされていることに素直に応えようとする心の現れと言える。ここで言う生命は、連続性や有限性を有する生物的・身体的生命に限ることではなく、その関係性や精神性においての社会的・文化的生命、さらには人間の力を超えた畏敬されるべき生命として捉えている。そうした生命のもつ侵し難い尊さが認識されることにより、生命はかけがえのない大切なものであって、決して軽々しく扱われてはならないとする態度が育まれるのである。

「つまり、自分の命も、自分を生かしてくれる他の命も大切なものと考えましょう、ってことかな。あとは、命そのものが尊いものだから敬いましょう、ってことかな」

「ハハ。人間とは妙なことを考える生き物ですね」

「どうして？」

「たとえば、吾輩、モラルネコの命は大事なものです、もちろん。そして吾輩は生きるために、ときにネズミを捕まえたりしますが、ネズミの命を大切に思う？　まさか！　そんなふうに思ったら、爪や牙なんか立てられませんよ。

　それに、「考え、議論する道徳」なんでしょう？　「生命は尊いから敬いなさい」って初めから教えるなら、「考え、議論する道徳」にならないいんじゃないですか？」

「………」

「そもそも人間は、どうして「生命の尊さ」なんてものを教えたがるんでしょう？」

「学習指導要領には、こんなことも書いてあるの」


　近年、生徒の生活様式も変化し、自然や人間との関わりの希薄さから、生命あるものとの接触が少なくなり、生命の尊さについて考える機会を失いつつある。「生命の尊さ」という価値についての理解には、「生命」そのものに対する理解が前提であり、しかもその豊かさと深まりが重要となる。また、中学生の時期は、比較的健康に毎日を過ごせる場合が多いため、自己の生命に対する有り難みを感じている生徒は決して多いとは言えない。身近な人の死に接したり、人間の生命の有限さやかけがえのなさに心を揺り動かされたりする経験をもつことも少なくなっている。このことが、生命軽視の軽はずみな言動につながり、いじめなどの社会的な問題となることもある。

「ふーむ、ますますわかりませんな」

「そう。どういうことが？」

「最近の中学生が自然や人間との関わりが希薄になって、生命の尊さについて考える機会を失いつつある、本当にそう言えますかな？　猫は人間の世界をよく見ていますよ。

ほれ、先月、そこの角の家のおばあちゃんが亡くなったでしょう？　中学生のお孫さん、目を真っ赤にして泣いていました。吾輩ももらい泣きしてしまいましたよ。

それに、今年の夏は暑かった！　ゲリラ豪雨で白玉川の周辺は浸水して、吾輩も流されないかとヒヤヒヤしましたよ。極端な気候になったものです。そういうのも自然現象でしょう？

それだけじゃない。大通り沿いのコンビニの前で、おたくの学校の生徒たちが四角い光るもの片手に、ずーっとおしゃべりしてますな。吾輩が散歩コースを一周して戻ってきても、まだしゃべってる！　お風呂屋さんに集まってる町のお年寄りと、何も違いませんよ」

「そうか。つまり、こういうことね。

確かに、自然環境や気候が変わったり、生き死にを医療にお任せするようになったり、スマホで人間関係が複雑になったり、いろいろあるけど、最近の生徒たちが特別に自然や命あるものと関わりが希薄になったなんてこと、ありえないのよね。

学習指導要領をつくった世代から見たら本物らしくない経験もあるのかもしれないけど、生徒たちは新しい状況のなかで生きている。それを踏まえずに、「命の尊さをわかってない！」って頭ごなしに決めつけてしまったら、生徒たちは「命は大切だと思いましたー」って言うしかなくなるわね……

どうしたらいいのかしら?」

教科書が物語る動物たち

「吾輩、さっきのこと引っかかってますよ」

「さっきのこと?」

「猫とネズミの話です。動物の命について、道徳ではどのように教えようとしているんですか?」

「あ、じゃあ、教科書からピックアップしてみようか」
1. 「捨てられた悲しみ」(光村図書『きみがいちばんひかるとき1』)
犬猫の殺処分を行う施設の職員の話。
2. 「捨て犬、未来」(学研『明日への扉1』)
虐待され捨てられ、殺処分寸前だった子犬を保護し、育てる話。
3. 「最後のパートナー」(日本文教出版『あすを生きる2』)
盲導犬を引退した犬を引き取り、余生を共に過ごすボランティアの話。
4. 「忘れられないご馳走」(学研『明日への扉2』)
父が連れて帰ってきたヤギを育て、食べる話。
5. 「ニワトリ」(教育出版『とびだそう未来へ3』)
畜産科の高校生が鶏をヒナから育て、屠畜する話。

「うーむ、いろいろですな」

「1と2はペットの話。3は盲導犬、つまり人間をサポートしてくれる動物の話。4と5は人間が古くから家畜として飼って食料にしてきた動物の話ね。そうか。教科書のなかでも、人間が大切にしなければならない命と、人間のために殺されなければならない命が混在しているのね。

確かに人間は「多くの生命によって生かされている」のだけれど、そもそもペットと盲導犬と家畜では関係性が別よね。それぞれの関係において「生命を尊重する」って、どういうことになるのかしら?」

「なーる」

「モラルネコさん、なんとなく糸口が見えてきた気がするわ」

「ヴ〜、ヴァ〜オ〜」

と唸ったのは、モラルネコではない。開いていた部屋のドアから、いつの間にかびわ子が入ってきていた。全身の毛が逆立ち、二倍くらいの大きさに膨らんでいる。

「モラルネコさん、窓開けるから逃げて!」

「び、びわ子さん……」

モラルネコは硬直している、というより、なんだかモジモジしている。

「モラルネコさん、早く! びわ子は気性が荒いのよ!」

「わ、吾輩、今年の夏に、びわ子さんを網戸越しにお見かけして……それでずっと……」

「ええっ?」

「シャーッ!!」

「失礼いたしました!」

モラルネコは窓の外に、するんと消えていった。

2 動物の肉を食べることとペットを飼うこと

人間の「食べる」こと

それでは本論に入ります。モラルネコとナラノキ先生の対話を踏まえ、授業のシミュレーションをしてみましょう。たとえば、「食べるとはそもそもどういうことか」という議論をするだけでも、「生命」について考える糸口をつくっていくことができそうです。

もちろん、教室には多様な食文化を持つ生徒がいることに配慮すべきです。宗教、思想、ルーツなど、それぞれの立場による違いを尊重することを前提としつつ、本幕では、日本の学校教育における食育が推奨する食事、つまり動物性タンパク質も植物性タンパク質も両方摂る食事をベースに検討していきます。日本社会で生活する人たちの主流のスタイルであるこの食事を推奨する教育の場では、「菜食主義になれ」と言えない以上、「生命の尊さ」を教えるのにそもそもの困難さをはらんでいると考えるからです。


Q「食べるってどういうことでしょう？　何をしているのでしょうか？」

A「口に入れて噛んで味わって飲み込んでる」

「美味しいものを食べたいから食べる」

「嫌いなものでも体のために食べることあるよ」

「栄養を摂ってるんだよ」

Q「私たちは食べるために、どういう手順を踏んでいますか？」
A「スーパーに行って買い物をして料理をする」
「家庭菜園から野菜を取ってくる」

Q「料理ってどんなことをしますか？」
A「切って、焼いたり炒めたり煮たり……」
「生で食べるものもある。サラダとか、お刺身とか」
「ねぇ、なんでさっきから先生はわかりきったことばかり聞くの？」

Q「まぁ、ちょっと待ってね。料理は自分でもする？　お手伝いしたりするかな？」

A「親に教わって手伝うことある」

「お菓子つくるの好き！　バレンタインのとき交換して食べる」

「肉とか魚はヌルヌルして、気持ち悪くて触れない！」

「魚の目がこっち見てるみたいで怖い！」


と、こんなやりとりができたら考察を始めてみます。

食べるということは、自分以外の生命体を自分に包摂することです。他の生命体を口に入れ、咀嚼して、飲み込み、体内で分解し、吸収することで、自分という生命体を形づくっていく……考えただけでちょっとゾワゾワするような奇跡のようなことを、私たちは一日に数回も当たり前に行っているのです。

でも、「いま私は豚という生命体を口から体内に取り入れているのだ」などと考えながら食事はできるものなのでしょうか。「肉と魚は触れない！」「魚の目が怖い！」という発言は、もともと食材が生命体だったことを感受している現れです。たとえば、後述する宮沢賢治は「食はれるさかながもし私のうしろに居て見てゐたら何と思ふでせうか[1]」ということを考え、菜食主義者として生きました。しかし、モラルネコの指摘のとおり、教師を含め、多くの人はそんなことを考えながら食事をしているわけではないですし、学校もそういうことを教えたいわけではないでしょう。

他の生命の尊さは、自分（人間）自身の命の尊さを経由して想像するほかなく、命の等価性に思いをめぐらせれば、食べることのむごたらしさにぶつからざるをえません。だとすれば、むしろ、なぜ私たちは食事の瞬間には食べることができているのかを問題にすることができそうです。

Q「ライオンはどんな気持ちで獲物を食べているのかな？」

A「おいしーい！」

「獲物はいつでも捕まえられるわけではないから、今しっかり食べておこう！」

「がるる……って無心で食べてるんじゃない？」

Q「むごいことしてごめん、とか思ってるかな？」

A「そんなわけないじゃん！　本能だもん」

「ていうか、ライオンの気持ちなんてわかんないじゃん！」

そう、ライオンの気持ちはわからない。でも、こんなふうに想像してみることで、人間の食べる行為の特殊性が浮かび上がってきます。

人間は他の生命体を生きたまま、生命体の姿のままかぶりついたりしない（もちろん踊り食いや丸焼きなど例外はあります）。村瀬学の論を借りれば[2]、料理とは食材を一口サイズにして、調理することで、生命体を食事に変える手続きです。このプロセスにおいて、他の生命体に対する感受性のチャンネルを「食事である」と切り替えることで、私たちは食べることをスムーズに受け入れ、味わうことができているのです。私たち人間は、食べるためにそんな認識の切り替えをしていたなんて！　その気づきを得るだけでも、「大切にしなければならない命と、殺されなければならない命がある」という現実の理解の仕方は変わってくるのではないでしょうか。

うちの猫は美味しくない

人間は長い歴史のなかで、動物とさまざまなかたちで関係を結んできました。獲物、家畜、猟犬、番犬、盲導犬、セラピーアニマル、そして生徒たちに身近な存在であるペット。少し前には愛玩動物という呼称もありましたが、いまや愛玩の域は超えているでしょう。

Q「ペットを飼っている人、いますか？」

A「犬！」「猫！」「うさぎ！」「フェレット！」「カメ！」

（1）保阪嘉内宛書簡（一九一八・五・一九）。本稿での宮沢賢治作品の引用は『新校本宮沢賢治全集』（筑摩書房）によった。

（2）村瀬学「I　人の食『食べもの』とは何か」、『「食べる」思想　人が食うもの・神が喰うもの』（洋泉社、二〇一〇年）参照。

Q「名前はつけてる?」
A「当たり前じゃん！　うちの猫は「まぐろ」と「ほたて」。好物なんだよ」
「うちの犬は「タイチ」。お母さんが好きな小説の主人公の名前をつけました」
「うちのうさぎは「ぽぽ子」。たんぽぽみたいに丈夫な子になってほしいと思ったからだよ」

かつては「ポチ」とか「タマ」とか犬猫用の名前をつけていましたが、それも多様化しました。立派な由来があったり、飼い主が願いを込めたり、ペットを「人間の側に近付け、人間化を施す」名づけがなされるようになっています。「ペットとして飼われるようになったとき、犬は純粋な動物であることをやめ、動物と人間との混合物へと姿を変える[3]」。ペットは家族に連なる存在であり、医療もフードも格段に進化しました。


Q「つらい話になるけど、一緒に考えてみましょう。ペットも歳をとるよね?　病気になったり……。もし、どうしても苦しみを取り除く治療がそれ以上できなくて、獣医の先生から安楽死の選択肢を提示されたら、受け入れられるかな?」

A「……」

「苦しみながら死んでいくのはかわいそうで、最後まで見守ってあげられないかも……。怖い」

「でも、自分で命を絶つ動物っていないから、最後まで生きようとするんじゃないかな」

「でも、最期に苦しみから解放してあげたいって思う」

「でも、動物は言葉を話せないから、飼い主が決めていいのかなって思います」

「でも、痛かったり苦しかったり意識がはっきりしてなくて、自分で判断できないのは人間と同じかも」

動物は言葉を話さないから動物の気持ちはわからない。でも、何年も我が子のように育て慈しめば、共感する感性が醸成されるでしょう。その意味では、ペットと飼い主の関係は、人間同士の関係と変わらないのかもしれません。人間は、人間ベースの関係を動物との間にも築くようになったのです。だから、言うまでもないことを言いますが、ペットを殺していいわけはなく、当然食べていいわけもありません。大切にしなければならない命と殺されなければならない命は、どうしようもなく存在しています。ただ、その矛盾に対して生じる罪悪感や負債感を梃子にして生徒たちに「生命の尊さ」を教えようとするならば、そこは慎重にならなければなりません。なぜなら、私たちは、動物を食材としたり慈しむ対象とする認識の複層性においてこの世界に存在するものなのであり、道徳として教えられた「畏敬の念」を他の生命におしなべて抱きながら共生することは、人間の生において困難なことだからです。「考え、議論する」授業においては、生徒たちをいたずらに「生命の尊さ」という概念の前にひれ伏させるのではなく、人間と他の生命との関係そのものについて考えるというアプローチがあっていいはずです。

（3）四方田犬彦「犬をどう名付けるか」、『犬たちの肖像』（集英社、二〇一五年）より引用。

3 消費者としての食べる者

私たちと肉の関係

光村図書の教科書掲載教材「捨てられた悲しみ」には、C・W・ニコルの「肉を手に入れるための悲しい方法」が教材別資料として付されています。「健康な肉を手に入れる」ためには「動物に死んでもらわなければならない」、この事実を認識せずに肉を食べるのは「大きな罪悪」であるという内容ですが、文章は以下のように続きます。

菜食主義者の連中が、家畜を殺すのはまちがっているといっているのを聞いたことがあります。けれども、もし人間が家畜たちの世話をやめ、保護するのをやめて、餌をやらなくなったとしたら、ほとんどの家畜は滅んでしまうことでしょう。

狩猟についても、たくさんの人々が公然とこれを非難しています。しかし、世界中で野生の動物たちがもっとも多く残っているのは、ほかならぬ狩人のいる国々なのです。つまり狩人というのは――真の狩人のことですが――自分たちの狩のなわばりと、そこに棲む動物たちを愛し、保護する人々だからなのです。(4)

つまり、殺すこと自体が問題だというのではなく、生育環境の循環のなかに食を位置づけ、環境としての命を守ることの重要性を述べているのです。

では、あらためて、動物を殺して食べるということが道徳の授業のテーマになるとは、どういうことなのでしょうか。学習指導要領にあるとおり、「自らもまた多くの生命によって生かされていることに素直に応え」る心を養うためでしょうか。生徒たちが「生命あるものとの接触が少なくなり、生命の尊さについて考える機会を失いつつある」からでしょうか。であれば、実際に「生命あるものと接触」してみたら――たとえば、教科書の読みものにあるように、鶏を屠畜してみたり、可愛がっていたヤギを食べてみたら――、「生命の尊さ」を感じることができるのでしょうか。事実、後述しますが、このようなかたちでの「命の授業」の取り組みは行われています。しかし、殺すことに特化した生命との接触という経験には、個々の生徒の感受性や動物の命がかかっている以上、誰がそれを評価しうるのかという疑問は拭えません。「生（なま）の体験をすれば感じられる」という体験主義に寄りかかり、そのような実践へと飛躍する前に、私たちが他の生命に対してどのような存在になっているのかを分析し、考える、論理的なプロセスを踏むことが必要ではないでしょうか。

生徒たち、ひいては私たちの食は、C・W・ニコルが語る家畜との暮らしや狩猟をする生活におけるそれとは異なっています。畜産や食肉加工は産業化され、食肉は商品化され、経済活動のなかに組み込まれた食において、食肉となる動物と対話する、あるいはその死や血に触れるという段階は構造的に失われています。私たちの食生活がそのように成り立つものであるならば、生徒たちにとってリアリティのある「命の授業」とは、他の生命に対して私たち人間が消費者であるという位置から出発して考えることになるはずです。

（4）C・W・ニコル『C.W.ニコルのいただきます』（小学館ライブラリー、一九九四年）。

肉はどうやってつくられるのか

宮沢賢治の短編「フランドン農学校の豚」には、「農学校長」や「畜産の教師」から食肉になるものとしてまなざされ扱われる「豚」の内面が描かれています。人間の言葉を理解し話すことができる混合物として設定された「豚」は、人間に与えられているのと等価ではない生を生き／死なければならないことに気づいていきます。「豚」の肉に商品的価値を与えるために行う強制肥育は、「気持ちの悪いこと、まるで夢中で一日泣いた」と、「豚」にとっては自身の生を疎外される苦痛や悲しみでしかないのです。

また、現代の漫画になりますが、大島弓子の『サバの夏が来た』[5]という作品に、作者のアシスタントが「こわい話」として「某フライドチキン」について語り出す場面があります。「その鶏舎にはもも肉がたくさんとれるように　バイオで足を四本にされてものすごい顔をした鶏が　ぎっしりつめこまれているんですって」。大量生産のためにバイオテクノロジーで姿かたちを変えられてしまった生命が、どんな顔をしているのか……これをホラーな作り話と笑い飛ばせるでしょうか。

畜産や食肉加工が近代的な産業流通に組み込まれることで、消費者となった人間と商品となる他の生命が等価の生を持つものとして対面する場面はなくなり、人間は他の生命を人間にとっての価値として見つめるようになります。その構図が完成すると、他の生命にはさらなる利益を生み出すことが期待され、行き着く先は科学技術によって生のありように手を加えられることまでなされてしまう。事実、四本足の鶏がつくりだされないまでも、養鶏場では身動きできないほどの過密飼育がなされ、お互いを傷つけないようにヒナの段階で嘴を切るという処置が行われているのです。

前述のとおり、食べるということは、殺して食べているということであり、他の生命体を自分の体内に包摂することでありながら、そのことを自覚しながら食べるのは難しい。しかし、自分たちの食べる行為をどのようにとらえることができるか、考え、議論することは可能でしょう。人間の食となる他の生命＝動物はどのように自身の生を生きているのか／生きることができているのか、人間はそこにどのように関与しているのか、それらの問題を見つめたとき、アニマルウェルフェア（animal welfare）という考え方が手がかりとなります。

「動物たちは、その動物本来の行動をとれる幸福な状態でなければならない」というアニマルウェルフェア（動物福祉・家畜福祉）の考えは、一九六〇年代にイギリス家畜福祉の活動家であったルース・ハリソンが「近代畜産における家畜飼育法の虐待性や薬剤多投与による畜産物の汚染」を告発したのを機に、西欧で広がり共有されていきました。畜産動物だけでなく、ペットや実験動物など、人間の飼育下にあるあらゆる動物への配慮を促しています。その原則は「①空腹および乾きからの自由 ②不快からの自由 ③苦痛、損傷、疾病からの自由 ④正常行動発現の自由 ⑤恐怖および苦悩からの自由」の「五つの自由」というもので、EUではすでにアニマルウェルフェアに配慮した飼育基準の法令化が進められていますが、日本での取り組みはまだまだと言われています。前述の鶏の例の他にも、「肉豚」を生み出す「母豚」は「妊娠ストール」と呼ばれる自分の体と同じほどの大きさの檻のなかで一生を過ごし、餌は穀物の粉を水で溶いた「濃厚飼料」を与えられるのみです。また、消費者好みの「濃い牛乳」を生み出すために、乳牛にも草に加えて「濃厚飼料」が与えられるだけでなく、大量の牛乳を生産する目的で品種改良された「スーパーカウ」を増やそうとする動きもあるのです。[6]

（5）大島弓子『サバの夏が来た』（白泉社文庫、二〇〇〇年）。
（6）枝廣淳子『アニマルウェルフェアとは何か　倫理的消費と食の安全』（岩波ブックレット、二〇一八年）。

パック肉としての畜産動物もペットショップで買うペットも、流通において出会うのが生徒たちを含む現代の私たちの暮らしであるならば、私たち人間が消費者として他の生命に対し何を行っているのかを知ることは、倫理的な思考の第一歩になるのではないでしょうか。そして、自分たちが他の生命にとってどのように倫理的な存在＝エシカルな消費者たりうるか（それは不可能だという解答も含め）を考え、議論することは、生徒たちが「生命の尊さ」と理性的に向き合うことにつながるのではないかと考えるのです(7)。

4 これは道徳の教科書ではないのですか？

よいこらせ、と窓を開けて顔をのぞかせたのはモラルネコである。しかし、すんなりとは入ってこないで、部屋のなかを窺っている。

「モラルネコさん、いらっしゃい。びわ子なら居間のこたつでお昼寝してるから大丈夫よ」

「それでは失礼して」

私は、びわ子のおやつのささみジャーキーと水を出しながら言った。

「この前はびわ子が威嚇したりして、ごめんなさいね。とんだインモラルネコね」

「仕方ありません。びわ子さんは避恋手術をされているんでしょう？」

「避恋！　うまいこと言うわね。でも、そうね。避妊去勢手術をするのは飼い主の責任ではあるけど、恋をする可能性をあらかじめ絶つなんて、人間は猫の一生から大きなものを奪っているのね」

「ええまぁ……。ところでナラノキ先生、お勉強の途中でしたか？」

「そう、明日の授業の準備をしていたのよ」

「なーる。これは道徳の教科書ですね？」

「違うわ。国語の教科書よ」

「おや、これは道徳の教科書ではないのですか？　吾輩にはそっくりに見えますが」

「ええっ、どうしてそう思うの？」

「だって、短い文章が集まっているのでしょう？　文章を読んで勉強をするのであれば、国語と道徳の授業はどう違うのでしょう？」

「……。モラルネコさん、ページめくるの上手ね」

「肉球が滑り止めになりますからな。このページは何ですか？　本の表紙の写真が並んでいますが」

「『本の世界へ』といって、『名作』と呼ばれる本を紹介してるの[8]」

「これは、宮沢賢治！」

「モラルネコさん、宮沢賢治を知ってるの？　ここで紹介されているのは『なめとこ山の熊』。猟師と熊の物語よ」

「それはまさに、ナラノキ先生がいま道徳の授業でお考えの、『生命の尊さ』がテーマなのではありませんか？」

（7）なお、アニマルライツ（動物の権利）とは、動物には人間から搾取されたり残虐な扱いを受けることなく、それぞれの本性に従って生きる権利があるとする考え方である。動物になるべく苦しみを与えるべきではないという点でアニマルウェルフェアの考え方と共通するものの、アニマルウェルフェアが人間による動物からの搾取を前提にしている点で、両者の考えは根本的に異なるとされている。

（8）教育出版『伝え合う言葉　中学国語2』（平成三〇年）。

「……えーと。どう考えたらいいのかしら。国語は文章そのものの読解が中心で、道徳は何かテーマについて考えるのが中心という違いがあると言えるかな。

でも、私が小学生の頃は、先生は国語でも道徳っぽい授業をしていた。「作者が伝えたかったことは何ですか?」「私たちにとって大切なことは何でしょう?」みたいに。さすがに高校生にもなると、国語で道徳っぽい教訓を導き出すのは違うって思うようになった。で、大学で国文科に進んで、権力的な読みへの批判っていうのを知って。で、研究方法を教わって、文学理論や歴史性に基づいて物語を分析していくと、最初思っていたのとは全然違う世界が見えてきたりするの。それは今でも私の授業の基盤ね。

あれ……でも、道徳でも教師が一方的に価値を押しつけるのではなく、文章を読んで「考え、議論する」のであれば、それは本質的には国語の授業と一緒……。国語の専門性は確かにあるけれど、道徳の授業のある部分は国語の授業で網羅していることになるのかしら。あ、だとしたら、社会科の授業との関連はどうなるの? いや、そんなこと言い出したら、英語だって生物だって数学だって、もう、いろんな教科の専門性が道徳の授業と関連ありそうだけど? だったら、すべての教科の専門性にすでに組み込まれていることを、どうして道徳だけでピックアップして寄せ集めるの? あれ……私の国語と道徳の授業は、明確に内容が振り分けられるんだろうか?」

「混乱させてしまいましたかな」

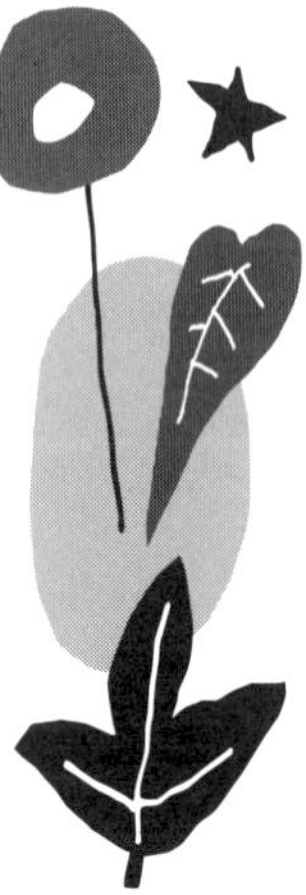

5 もうひとつの授業実践――宮沢賢治「なめとこ山の熊」

道徳の授業で物語の読解をしてみたら

道徳の教科書は、学習指導要領のねらいに沿って読みもの資料を寄せ集めたものです。道徳という教科が生徒を一定の価値観に誘導しているという批判を免れえないのは、この読みもの群の選抜や配置の仕方に理由があると言えるでしょう。また、一教材一時間の授業構成も、細切れの考察しかできない限界を含んでいます。とはいえ、教師が学習指導要領のねらいにとらわれず、外部資料を取り入れるなどして、生徒たちと「考え、議論する」ことは不可能ではないはずです。

しかしそれは、ナラノキ先生が混乱していたとおり、国語の授業とどう違うのでしょうか。教室における文章理解の論理性と客観性を担保するのは学問的裏づけです。言葉を見つめ、分析と考察を加えることで、それまでには見えなかった世界＝テーマ＝倫理が立ち現れるのであれば、国語であろうと「また別の」道徳が生まれていると言えますし、それは道徳の授業においても同じはずです。

ここで、その可能性を示す教材として宮沢賢治「なめとこ山の熊」を提案します(9)。物語を大きく五つの場面に分け、場面ごとの読解を示していきます。この読解は国語の授業に限定されるものなのか、道徳の授業でも展開しうるのか、あるいは教科横断的な学習は可能なのか、考える一助になればと思います。

(9)「なめとこ山の熊」の引用は、旧仮名遣いから現代仮名遣いへ改めた。

■「なめとこ山の熊」――五つの問いと考察■

Q1　冒頭の場面。なめとこ山の熊と小十郎は、お互いをどんなふうに思っていますか?

猟師の小十郎は熊を片っぱしから捕っているにもかかわらず、「なめとこ山あたりの熊は小十郎をすきなのだ」という不思議な関係が描かれています。熊たちは小十郎の豪気な姿に心を奪われ、驚嘆すらしている様子です。猟師と熊という〈殺し/殺される〉関係にありながら、なぜこのような心情が生まれてくるのでしょうか。熊を撃った小十郎は、鉄砲を置き、熊に話しかけます。

熊。おれはてまえを憎くて殺したのでねえんだぞ。おれも商売ならてまえも射たなけぁならねえ。ほかの罪のねえ仕事をしていんだが畑はなし木はお上のものにきまったし里へ出ても誰も相手にしねえ。仕方なしに猟師なんぞしるんだ。てめえも熊に生まれたが因果ならおれもこんな商売が因果だ。やい。この次には熊なんぞに生れなよ。

小十郎が仕留めた熊に語りかけずにはいられないのは、熊を自分と等価な命を持つものとして見つめているからではないでしょうか。〈殺し/殺される〉関係に運命づけられたことを嘆きつつ、次は殺される命であるなという願いを語ってようやく、小十郎は熊を「熊の胆」と毛皮に解体し、「ぐんなりした風で」谷を下っていきます。熊たちは小十郎のこのような姿も、どこかから見ているのかもしれません。

Q2　親子の熊を小十郎が見つめる場面。「小十郎はもう熊のことばだってわかるような気がした」とは、どういうことでしょうか？

ある年の春の宵、小十郎は山で親子の熊が「丁度人が額に手をあてて遠くを眺めるといった風に」月光に照らされた向こうの谷を見つめているのに出くわします。親子の熊は、「谷のこっち側だけ白くなっている」のはどうしてなのかを話していました。

「おかあさまはわかったよ、あれねえ、ひきざくらの花。」「なぁんだ、ひきざくらの花だい。僕知ってるよ。」「いいえ、お前まだ見たことありません。」「知ってるよ、僕この前とって来たもの。」「いいえ、あれひきざくらでありません。お前とって来たのきささげの花でしょう。」「そうだろうか。」

小十郎が親子熊の姿を擬人化して見つめ、人間の親子のような会話を想像していると、いったんは考えてみることができます。しかし、母熊は冬ごもりの期間に出産をして、子熊が巣立つまで単独で子育てをするそうで、だとすると、この会話は、生まれて初めての春を迎える子熊に母熊がこれから生きていく世界を教えている、熊としての会話だと理解できます。

矢野智司は、宮沢賢治のとる擬人法について「自然を

人間化するものではなく、その反対に、自然や世界の方に人間が溶解するもの」という優れた分析をしています。[10] 小十郎に聞こえてくる親子熊の会話は、他の場面とは違い、小十郎の生活言語の外の言語である標準語でなされています。つまり、「ありがとうごあんした」といった方言ではなく、熊の「があっ」という吠え声でもなく、両者の「溶解」する領域の言語として標準語が選ばれているのです。そのような領域において親子熊の姿を見つめ、「もう熊のことばだってわかるような気が」する小十郎は、「もう胸がいっぱいになって」こっそりと後退りするのでした。

Q3-① 小十郎が荒物屋に熊の毛皮と胆を売りに行く場面。小十郎と荒物屋の主人の関係は、どのようなものですか?

山では主のような小十郎も、町の荒物屋に熊の毛皮と胆を売りに行くときは、敷板に手をついて頭を下げ「どうか買ってくんない」と、気の毒なほどみじめな姿になります。

小十郎の狩猟は、C・W・ニコルが示すような生育環境の循環においてなされるものではなく、仕留めた熊から毛皮と胆を取り出し、商品にして金銭に変えるという市場の原理に組み込まれたものです。荒物屋の主人は、わずかでも現金を持って帰りたい小十郎の気持ちを翻弄し、「二円」という「あんまり安い」価格で買い叩きます。そして小十郎に酒を勧め、都合のよい取引相手としてつなぎとめるのです。

小十郎自身「あんまり安いこと」は知っているし、語り手「僕」も「ほかの人へどしどし売れないか」と歯がゆそうです。「狐拳」ならじゃんけんと一緒で、狐も猟師も旦那も、誰かには勝ち/誰かには負けるというフェアな関係にあります。しかし、市場の原理に組み込まれている以上、「熊は小十郎にやられ小十郎が旦那にやられる。旦那は町のみんなの中にいるからなかなか熊に食われない」。そんな「世界」であることを、語り手「僕」は悔しがっています。

Q3-② ところで「僕」とは何者ですか？

「しばらくの間でもあんな立派な小十郎が二度とつらも見たくないようないやなやつにうまくやられることを書いたのが実にしゃくにさわってたまらない」。このように感情を露わにする「僕」とは、物語においてどのような存在なのでしょうか。「僕」は冒頭の場面で、こんなことを述べています。

ほんとうはなめとこ山も熊の胆も私は自分で見たのではない。人から聞いたり考えたりしたことばかりだ。間ちがっているかもしれないけれども私はそう思うのだ。

「なめとこ山と熊」の物語は、「人から聞い」て自分で考えたものである、それは「間ちがってい る」＝事実とは違うかもしれないけれど、「私はそう思う」＝自分が信じるところの物語だというのです。

荒物屋の主人について語ることは「しゃくにさわってたまらない」けれども、どうしても書かなくてはならなかった。なぜなら、「こんないやなずるいやつらは世界がだんだん進歩するとひとりで消

(10) 矢野智司「第6章　異界が子どもを引き寄せるとき　生の技法としての賢治の逆擬人法」、『贈与と交換の教育学　漱石、賢治と純粋贈与のレッスン』(東京大学出版会、二〇〇八年)。

えてなくなって行く」、つまり、「僕」自身が今とは違う世界を望み、思い描いていることを語ることが「なめとこ山の熊」を物語ることでもあるからです。「僕」が思い描く「進歩」した「世界」とは、どのような世界なのでしょうか。

Q4　熊が小十郎に話しかけてくる場面。「おかしなこと」とありますが、何が「おかし」いのでしょうか?

この場面では、「おかしなこと」ばかり起こります。小十郎に鉄砲を向けられた熊が、両手を上げて襲いかかる意志がないことを示し、〈殺し/殺される〉関係から外れた位置から、その関係自体についての問いを小十郎に投げかけてきました。「おまえは何がほしくておれを殺すんだ。」

ここで語られる言葉は、やはり標準語です。人間と熊が「溶解」する領域の言語において、熊のほうから小十郎に「おれ」の命を奪う理由を問いかけてきたのです。

小十郎は、いったんは「ほんとうに気の毒だけれどもやっぱり仕方ない」としつつも、熊を殺さない自分の命というものを考えてみます。「けれどもお前に今ごろそんなことを言われるともうおれなどは何か栗かしだのみでも食っていてそれで死ぬならおれも死んでもいいような気がするよ」。小十郎も〈殺し/殺される〉関係から解放されたあり方を想像してみるのです。それを聞いた熊は、こう答えます。

「もう二年ばかり待ってくれ。おれも死ぬのはもうかまわないようなもんだけれども少しし残した仕事もあるしただ二年だけ待ってくれ。二年目にはおれもおまえの家のまえでちゃんと死んでいてやるから。毛皮も胃袋もやってしまうから。」小十郎は変な気がしてじっと考えて立ってしまいました。

小十郎が「変な気」になったのはなぜでしょうか。小十郎は、熊を殺さない自分の生というものをあくまで想像したまでです。その思いへの見返りとして「おれも」死んでいてやると約束するのは、あまりに過剰です。そしてこの約束は、小十郎が熊のために本当に死んでしまったら成り立たないものでもあります。熊は小十郎の自分への思いへの応答として、純粋に自分の命を贈与しようとしているのです。

ゆっくりと去っていく熊の背中が最後に光って見えたとき、小十郎は「う　うとせつなそうに」うなります。この世界において、自分と熊の命は決して等価ではありえない。それは、この熊においてだけではなく、これまで仕留めてきた熊においても言えることです。小十郎の側から熊を殺してきたわけですが、それは裏を返せば、小十郎と熊の位置が交換不可能な世界において、熊の側から命を贈与され続けてきたということでもあるのです。

熊は二年後に小十郎の家の前で「口からいっぱいに血を吐いて倒れて」いました。小十郎は思わず拝むようにしました。

Q５　小十郎の死の場面。小十郎は熊に殺されたとき、なぜ「熊ども、ゆるせよ」と思ったのでしょうか。

その後も熊を捕り続けた小十郎も、ある日ついに熊に襲われてしまいます。

と思うと小十郎はがあんと頭が鳴ってまわりがいちめんまっ青になった。それから遠くでこう言うことばを聞いた。「おお小十郎、おまえを殺すつもりはなかった。」もうおれは死んだと小十郎は思った。そしてちらちらちらちら青い星のような光がそこらいちめんに見えた。

「これが死んだしるしだ。死ぬとき見る火だ。熊ども、ゆるせよ。」と小十郎は思った。

熊に殺され、殺してきた「熊ども」に許しを請う小十郎。これまで「熊ども」にもたらしてきた死においてこそ、小十郎は熊と同じ地平に立つことができたのです。

一方、熊は動物としての本能で小十郎を襲ったわけですが、小十郎は「おまえを殺すつもりはなかった」という言葉を聞いています。もし熊が本能的な衝動とは異なる領域で小十郎の死を認識しているのだとしたら、最後の場面、熊はどのような存在となっているでしょうか。

小十郎の死骸は山のいちばん高いところに「座ったようになって置かれ」、その顔は「生きてるときのように冴え冴えして何か笑っているようにさえ見えたのだ」。ここにきてようやく小十郎は幸福な安住を得たかのようです。では、小十郎の死骸を山の高いところに運び、据え直おしたのは誰なのでしょうか。生徒たちに聞けば「熊!」と答えますし、他の読み方をしようとするのも不自然です。が、小十郎の死骸を環になって取り囲み、「回々教徒の祈るときのようにじっと雪にひれふしたままいつまでもいつまでも動かなかった」ものは、「黒い大きなもの」と言い表されています。

「黒い大きなもの」は「参の星が天のまん中に来ても、もっと西に傾いても、じっと化石したように動かなかった」。「死んじゃったんじゃない?」そうかもしれません。小十郎の「死骸」と「黒い大きなもの」は、冷たい雪の夜に、〈祀られ／祈る〉姿となって永遠に「化石した」のです。

最後の場面は、小十郎と熊が〈殺し／殺される〉関係から逃れてきた世界なのかもしれません。このような世界にたどりついたのは、熊と「溶解」する小十郎のあり方だったからこそであり、その意味で「なめとこ山の熊のことならおもしろ」く、この世界は「いやなずるいやつら」が「消えてなくなっ」た「進歩」した「世界」の一つの様相だと言えるでしょう。しかしここは、命も時間も永遠に「化石した」世界です。「なめとこ山の熊」は、熊と小十郎の不思議で美しい関係と同時に、その不可能性を描いた物語なのです。

■物語の論理・読むことの論理■

学習指導要領に基づけば、生徒たちが「生命は尊いものだと思いました」と結論づければねらいは達成できたことになるのかもしれません。しかし、この物語を読めば、「生命」とはそのように単純化して語れるものではないことは明らかです。市場の原理のなかで、あるいは非対称な関係のなかで、私たちは他の生命にどのように・どこまで向き合うことができるのか。物語を読むとは、これまでの自分になかった思考に気づいていく営為でもあります。

その意味で、もし道徳の教科書を使って、あらかじめ用意されたねらいに向けて生徒たちに文章を読ませるならば、それは国語の授業で行う文章読解の意味や価値を、教育自らが否定することでもあります。道徳であろうと国語であろうと、今ある自分と世界を剖く思考のプロセスにおいてこそ、倫理は浮上してくるのではないかと考えるのです。

6 動物を殺して食べる「命の授業」をどう考えるか

■殺して食べるという「学び」■

教育出版の道徳の教科書『とびだそう未来へ3』には、「ニワトリ」という文章が掲載されています。農業高校の畜産科に通う礒野友紀さんが、鶏を一人一羽ヒナから育てて屠畜する実習を経て書いた作文です。「動物の命を守る獣医になりたい」と思って畜産科に入学した友紀さんは、「動物の命を奪うと畜」を「怖い」と感じます。「かわいがって育てて、と畜に耐えられるだろうか。ただの教材として見るべきなのだろうか」。しかし、「最後に生きててよかったと思ってほしい」と考え、自分の名前を読みかえて「トモノリ」と名づけ、大切に世話をします。別れの日、トモノリを屠畜した友紀さんに、「悲しみ、恐怖、衝撃、後悔、自分への怒り」が涙になって押し寄せました。友紀さんは、トモノリを殺して「わかった」ことがあると述べています。それは、命が消える瞬間、「者」は「物」になる、「命がどれだけ大切なものか」ということでした。友紀さんは獣医になることをあらためて心に誓うのです。

それでは、中学校三年生の道徳の授業でこの文章を扱うとき、その学びはどのようなものになるのでしょうか。学習指導要領の「かけがえのない生命をいとおしみ、自らもまた多くの生命によって生かされていることに素直に応えようとする」という漠然としたねらいのもとに授業がなされるとして、いちばん危ぶまれるのは、「友紀さんが実際に鶏を殺したことで、命の尊さに気がついた」と単純化され、そのような学び取り方が生徒たちにも期待されることです。殺すというかたちでの「生命あるものとの接触」が「生命の尊さ」を学ぶことにつながると、もし教師が考えるのだとしたら、それはどういうことなのでしょうか。

■鶏を殺して食べる授業■

一九八〇年、東京都の小学校教諭であった鳥山敏子が、四年生の生徒と保護者を対象に、「にわとりを殺して食べる」という課外授業を自由参加のかたちで行いました。(11) 養鶏場からもらってきた二二羽の鶏を多摩川の河原に放ち、鳥山が「おおい、集まれ！　にわとり狩りだよ」と号令をかけ、みんなで鶏をつかまえ、殺し、調理して食べたのです。なぜこんな授業をしたのか、鳥山は『いのちに触れる　生と性と死の授業』(太郎次郎社、一九八五年)のなかで、こう述べています。

自分の手ではっきりと他のいのちを奪い、それを口にしたことがないということが、ほんとうのいのちの尊さをわかりにくくしているのだ。殺されていくものが、どんな苦しみ方をしているのか、あるいは、どんなにあっさりとそのいのちを投げだすか、それを体験すること。ここから自分のいのち、人のいのち、生きもののいのちの尊さに気づかせてみよう。

この考えの根拠として、一九四一年生まれの鳥山は、幼い頃にいとこが鶏を捌《さば》くのを見てそれを食べた経験や、戦中戦後の暮らしのなかでしみついた「もったいない」という精神を語っています。「もったいない」とは、「自分が生きるために奪った」いのちを「自分が生きるためにぜんぶ使うので

(11) 村瀬学はこの取り組みについても、前掲書「Ⅶ　鳥山敏子の『にわとりを殺して食べる授業』批判」で優れた分析を展開している。

なければならない」ことを意味するというのですが、このような自身の経験を根拠に「いのちの尊さに気づかせてみよう」と生徒たちに鶏を殺させる鳥山の発想は、「生命あるものとの接触」の機会を失った生徒たちに「生命の尊さ」を学ばせようとする学習指導要領のねらいと、驚くほどに似ています。鳥山は、次のようにも述べます。

小鳥や犬や猫をペットとしてかわいがったり、すぐ「かわいそう」を口にして涙を流す子どもたちが、他人が殺したものなら平気で食べ、食べきれないといって平気で食べものを捨てるということが、わたしには納得がいかないのだ。自分の身内のようにペットをかわいがる子どもたちをみて、心の豊かな子であるというふうにかんたんに見てしまう大人たちの風潮にも腹が立つ。自分のなかの何か満たされないもの、飢餓感、孤独感がペットへの密着を強くしている場合もあるのだ。

だからといって、それらの生きものへの愛情をまったく否定しているわけではないのだが、わたしには、「生きているものを殺すことはいけないこと」という単純な考えが、「しかし、他人の殺したものは平気で食べられる」という行動と、なんの迷いもなく同居していることがおそろしくてならない。

生徒たちの日常を支える感覚に、なぜここまで強い拒否感を抱き、なぜこのような強い言葉で表現しなくてはならないのか。ペットをかわいがりつつ「他人が殺したもの」を食べることをおそろしい矛盾ととらえ、自分で殺すことで統合できると考えているならば、それは鳥山の観念上の操作にすぎません。鳥山は、鶏を殺すのを見たくないと言って逃げたり、鶏を抱いて泣き続ける女子生徒たちに、

「わたしがいまからにわとりを殺すから、けっして目をそらさずに見ていること！」と「きつい口調で命令」します。鳥山のねらいから外れる感性は、ここでは汲み取られないのです。

■「Pちゃん」を食べるのか■

ここでもう一人の教師の授業実践を見ていきます。一九八九年、大阪府能勢町の小学校教諭・黒田恭史は、担任する四年生のクラスで豚を飼いました。この取り組みは、『豚のPちゃんと32人の小学生　命の授業900日』（ミネルヴァ書房、二〇〇三年）にまとめられ、後に『ブタがいた教室』で映画化もされました。

黒田は鳥山の著書を読み、影響を受けたと語っています。テレビゲームが普及し、コンピューターを用いた授業が導入されるなかで、鳥山のように「何か人間の心の大事な部分を揺らすようなそんな授業を子どもたちと創ってみたい」、「死の授業」に取り組みたいと考えるようになったというのです。

豚を飼ったのは、「子どもたちに命の大切さや、動物を育てることのむずかしさ、楽しさを体ごと学んでほしい」「それならば、大きくて存在感のある動物を飼ってみたい」と思ったからで、黒田は豚を家畜として飼い、ゆくゆくは食べることを想定していました。だから黒田は、生徒たちが「Pちゃん」という名前をつけたとき、抵抗を覚えます。「ペットと家畜の境界が本当はとてもむずかしい」と、このとき気づくのです。

Pちゃんを迎え一年が過ぎて、黒田は「子ども動物園」の職員で豚の飼育係をしていた「八木さん」を教室に迎え、「命の授業」をしてもらいます。このやりとりのなかで、黒田がメスだと思い込んでいたPちゃんはオスであると判明するのですが、八木さんは以下のような説明をします。去勢した豚は肉が柔らかくて美味しいこと。豚は生後半年ほどで出荷するので、天寿を全うするまで育てることはないこと。豚が何年生きられるのか、どれくらいまで大きくなるのか、その体重をいつまで小さな足で支えられるのか、「実は誰もわからないんじゃないかなあ。だって品種改良を重ねているので、足の割に体が大きくなってしまうんだから」。

生徒たちは、最後まで生き切ることを前提とされていない命を懸命に育てていたのです。黒田もこのとき初めて、この事実を知りました。牙を抜かれ、去勢され、人間に消費されるための命。漠然とした理念のもと、あまりに不用意に教室に登場させられたPちゃん。しかし、このこと自体に黒田が思いを至らせている様子は読みとれません。

鳥山と黒田に共通していることは、「命の大切さ」を学ばせるとしながらも、ただ殺して食べることに焦点を当てていることです。〈人間が殺す／殺されない〉立場から一歩も動くことなく、小十郎のように目の前の命を殺さない自分のあり方を想像することもありません。屠畜の経験のない人間に殺される鶏の苦痛や、学校で飼育される豚の生がどのようなものになるのか、配慮することもありません。今まさにこの実践において、人間と鶏／豚の命が非対称であることに立ち止まることもなく、人間は奪い、殺し、食べるものなのだということを生徒たちに刻みつけ、「生（なま）の体験」をさせれば「いのちの尊さ」を感じるはずだという観念に集中しているのです。

このときの鶏／豚は、尊い命としてまなざされ、扱われているのでしょうか。むしろ、教師のねらいを体現させられる教材に貶められているのではないでしょうか。命を尊ばない「命の授業」において、結局のところ悲しみ、苦しむのは、鶏やPちゃんに命を感じてしまった生徒たちなのではないでしょうか。

たとえ名前をつけなかったとしても子どもたちは同じようにペットとして捉えてしまうであろ

う。実際に家畜として飼いはじめたとしても、必ず子どもたちの情は大きくうつってしまうことになる。では、そんなことをする必要がないのではないかという結論に至ってしまうが、それでは、あまりにも食と命がかけ離れた今日の現状を見つめ直すことはできない。

なんの論理構築もなく食と命を統合しようとすれば、ペットを食べることを想像させるという辛くて当たり前のことを生徒たちに課すことになります。畜産科で学ぶ高校生とは違い、小学生たちは唐突に現れたPちゃんを畜肉としてとらえる前提に立ってはいません。しかし、黒田は、辛くて当たり前の状況をつくりだし、それこそが命について学ぶことだとし、生徒たちを追いつめていきます。

三年間Pちゃんの世話をし、いよいよ卒業を控えた生徒たちに、黒田はPちゃんをどうするか議論させます。「先生は、最初食べた方がよいと思って」いたが、「食べたのと同じぐらい勉強した」と思うから「最後にどうするかは、みんなで話し合って決めたらいい」。

生徒たちは、家畜とペットは違う、Pちゃんはペットとして飼ってきた、ペットは可愛がってやるのがいい、豚肉は食べるけどそれはPちゃんではない、食肉センターに送るのは逃げではないのか、しかしPちゃんがいつか殺され食べられてしまうなら自分たちがそれをするのがPちゃんへの責任ではないか、Pちゃんに聞いてみないとわからない……苦しい議論を重ね、最後の最後までPちゃんにどのように誠実であれるかを追求しました。

卒業一か月前から本格的な議論を始め、本当に最後の話し合いは三日間。においの問題、衛生面の問題、安全性の問題、Pちゃんの世話を引き継ぐ三年一組のクラス替えの問題、三年一組が卒業するときの問題。一人の生徒の言葉を借りれば、「3日間のゆうよしかないのに5つの問題を解決しないとだめだった」。つまり、解決などもともと存在しない課題をさんざん議論させた結果、黒田はPちゃんを食肉センターに送ることを決定します。Pちゃんの命と、Pちゃんと生徒との関係は、「教育」として用意され、終了させられたのでした。
この実践を経て、黒田は次のように述べています。

もちろん、命の教育が現在の子どもたちにとってまさに重要な内容であると考えられるのは言うまでもない。現在の学校教育現場では「いじめ」、「不登校」、「自死」など、子どもの人権や命に関わる問題が山積しており、そうした問題に対する表層的な対応策をいくら取ってみたところで、事態の根本的な解決には至らないことは誰の目にも明らかであった。「教育とは何か」、「学ぶとは何か」、「生きるとは何か」ということについて、教師と子どもが必死になって考え抜くといった授業を、粘り強く創りだしていくことが現在の教育において必要であるように思う。

三年間にわたり担任した生徒たちや「Pちゃん」との固有の時間を経験したはずなのに、結果、黒田も鳥山や教育指導要領と同じ論理を語っています。つまり、学習の入り口に「生命との接触」が設定され、出口には「生命の尊さ」を学ぶという結論が待ち受けている。そのプロセスで生徒がどのように感じ、何を考えるかは本来不可知なものであり、幾通りものルートや出口や逸脱があってよく、また、あったはずなのに、「命の教育」という言葉でひと括りにしてしまう。
実際に子どもたちのすごいところは、教師の期待する言葉や文章を瞬時に読みとり、それを適切な場面で表現することができるという能力であった。だから、子どもの発する言葉は、すでに私の心の中のどこかに存在していたのである。

教師が自分の観念のほうへと生徒たちを誘導するということは、生徒たちを自分と同一化しているということなのかもしれません。「自分が感じるように感じよ」という隠されたメッセージを生徒は敏感に感じ取り、忖度し、回答する。そのように行われる授業は、生徒たち自身の考え方、感じ方を抑圧し、疎外するものになりかねません。

■営みとしての「食べる」■

学研の道徳教科書『明日への扉2』掲載の「忘れられないご馳走」は、大事なことを教えてくれます。この文章を書いたのは、沖縄県の高校三年生の金城幸さん。ある日、父が飲みに行った先で子ヤギをもらって帰ってきました。父も母も正月に潰して食べよう、きっとうまいぞと喜び、幸さんに世話を命じます。幸さんは「ジョセフィーヌ」と名づけ可愛がりますが、年の暮れも迫った二九日の晩、幸さんが寝ている間にジョセフィーヌは潰され、ヤギ汁ができあがっていました。二日間、幸さんは何も食べずに泣き続けましたが、体を心配した叔父に勧められ、ヤギ汁をすすります。「おいしかったのだ」。養豚をしている叔父の「食べるってのは結局こういうことよ」という言葉に、幸さんの「感情は納得しなかった」のですが、次のように文章を締めくくっています。

正直いって、生き物を食べるとはどんな事なのか、まだ自分の答えは見つからない。しかし、私は今まで食べてきた生き物の命で生きている。その実感は大晦日のヤギ汁の味と同じくらい確かに、私を満ち足りた気分にするのだ。

ジョセフィーヌと名づけた幸さんを笑いながらも否定することなく、熟睡して何も知らない間にヤギをご馳走に変え、その食文化へと優しく誘っていく。このような配慮があるからこそ、幸さんは「生き物の命」を食べて生きることを、罪悪感や負債感ではなく、「満ち足りた気分」において受けとめることができているのではないでしょうか。そして、人間が長い歴史において繰り返してきた、屠畜して食べ、祈りを捧げる営みも、もともとはこのようなものではなかったかと思うのです。

7 これからの世界、そして別れ

三月だというのに小雪が舞い散る朝、ごんごんと窓が鳴るので見てみると、モラルネコが額をすりつけている。

背中は雪に濡れ、小刻みに震えている。私はあわてて窓を開け、モラルネコを抱き上げると、ヒーターの前に連れていった。体をタオルで拭き、膝掛けで包んでやる。しばらくすると震えが止まったので、びわ子のウェットフードを温めて前に置いた。モラルネコはガツガツと平らげ、前足で器用に顔を拭くと、香箱座りをして小さくゲップをした。

「よかった。落ち着いたみたいね。

私もモラルネコさんに会いたいと思ってた。あれから何度か授業をしたの。そしたら生徒たちが、「どうすれば命を大切にすることになるのかを考えたい」って。それで、いろいろ調べたり、議論してみたいっていうことをまとめてみたのよ」

私はモラルネコにプリントを見せた。

◎調べてみたいこと
アニマルウェルフェアの観点から
・畜産動物の飼育方法や品種改良について
・動物実験反対　どの分野まで実現可能？
・ペットの販売方法　ヨーロッパと日本では違うって本当？
・アニマルライツの考え方はどのように生まれたか　人権のとらえ方との関係は？
私たちと動物の関係について
・畜産家の人たちはどんな気持ちで動物を飼育しているのか
・地域猫や殺処分ゼロの活動
・盲導犬との暮らしはどのようなものか
・ペットの安楽死　実態や飼い主の意識
◎議論してみたいこと
・肉を食べなければ、動物の命を大切にすることができる？
・すべての命を「尊い」ととらえることはできる？　雑草は？　ゴキブリは？
・捕鯨はなぜ批判を受けるのか？　鯨は食材か、資源か、人間の仲間か？

「何をもって「生命の尊さ」とするのか。生徒たちが根本的な視点を出してくれたなぁって、びっくりしちゃった。モラルネコさんが最初に来たときは、何をどうしたらいいのかわからなかったけど、なんとかここまで考察を深めることができた。モラルネコさんのおかげね。

モラルネコさん、今日はずいぶんおとなしいのね。感想を聞きたかったんだけどな……モラルネコさん？」

モラルネコはめんどくさそうに私の顔を一瞥すると、ふあーんと大きなあくびをした。私はようやく気がついた。モラルネコは、もういないのだ。

私はそっと呼んでみた。

「ギャオスくん」

はたしてギャオスはゴロンと横になり、気持ちよさそうに手足を伸ばした。ヒーターの温風でお腹の毛が揺れている。私は桃色の肉球に触れてみた。この肉球は、あの日器用にページをめくった、あの肉球だろうか。

モラルネコは何者だったのだろう。私を心配したギャオスの化身か、道徳の神様がギャオスに宿ったのか、はたまた悩みすぎた私が夢の世界につくりだした混合物なのか。しかし、そもそもギャオスというのも、ギャオスが他の猫と縄張り争いをしているのを見て私が勝手につけた名前だ。他の人からは違う名前で呼ばれているかもしれないし、いずれにしてもギャオスの与り知るところではない。

そう。ギャオスのことも、小十郎に殺された熊たちのことも、多摩川の河原で殺された鶏のことも、豚のPちゃんのことも、いみじくも黒田先生の生徒が言ったとおり「聞いてみないとわからない」。そして、聞くことはできない。文学的な創造力は私たちと彼らをつなぐ通路のようなものかもしれないけれど、結局はどうしたってわからない部分がある。そのことを自分のなかにきちんと持っていないと、私たちは「生命の尊さ」をわかった気になって、結局はつかみ損なってしまうだろう。それは、生徒たちに対しても同じことが言えるんだ、きっと。

いつしか雪はやみ、窓から暖かい陽射しが差し込んでいた。ギャオスは眩しそうに目を開けると、起きあがって窓の傍まで行き、私の方を振り返った。別れのときだ。

私はギャオスの前に膝をつき、小さな丸い額をできるだけ丁寧に撫でた。

「ありがとう、ギャオスくん。これからも遊びに来てね。今日みたいに雪の日とか、お腹が空いたときとか、いつでも来てね」

ギャオスは宝石みたいな目でじっと私の顔を見つめ、ゆっくりと瞬きをした。

私は窓を開けた。ギャオスはするんと窓の外に飛び出した。そして、暖かな光の方へゆったりと歩いていった。

カーテンコール——あとがきにかえて

本書の企画が本格的に始まったのは、二〇一八年三月。小学校で「特別の教科　道徳」が始まる直前です。そこに集まったのは、「はしがき」でも紹介されていたように、道徳教育、シティズンシップ教育、国語教育、いじめ研究、哲学・倫理学の専門家でした——こんな集まりが実現したのは人つなげの名人のおかげです（さすがシティズンシップ教育の実践者）。お互いの思想も人柄も生活ぶりも知らない者同士が、共通のテーマで話し合うのは、スリリングでもあり楽しくもありました。今あちこちで行われている「哲学カフェ」のような雰囲気です。

さて、そのテーマとは、小学校・中学校で「特別の教科」になった「道徳科」です。「愛国心を植えつけて国家権力に従順な人づくりをするための教育ではないのか」、「内心の自由を侵して徳目を押しつけるものではないか」、「いじめをなくすために道徳の授業をするなんて欺瞞」、こんな思いは共通していました。だからといって、「道徳科なんて有害無益」と一刀両断に切り捨てるわけにもいかない、「そんなものは要らない」と言い放つのも無責任ではないかという、モヤモヤした思いも共通していました。このモヤモヤ感をなんとか言葉で表現し、「新しい道徳科の授業を展望するような手がかり」（「はしがき」）を提案できないか。その言葉と提案を、同じようなモヤモヤ感を抱いているであろう学校現場の先生や、教職課程の学生たち、「道徳科」に関心を持っている人たちに届けられるようにと、話し合いを重ねてきました。「わずか一年ちょっとで？」と怪しまれるかもしれませんが、京都住まいの執筆者には東京に来るというご無理をしてもらいつつ、何度も何度も集まりを持ちました。それに加えて、いまやデジタルネットワーク時代、メールやスカイプも駆使しながら、実のある意見交換ができたかと思います。

そして、こうした話し合いを重ねながらも、空中分解してもおかしくない執筆者たちを共通の方向にリードしてくれたのが、はるか書房の小倉修さんです。本書の完成に向けて執筆者を根気強くサポートしていただいたことに、心から感謝いたします。

おっと、そうこうしているうちに、カーテンコールの時間になりました。それでは最後に、執筆者全員に登場してもらいましょう。

◆

はしがきと第1幕担当の神代健彦です。

最近、道徳教育に関する教職課程科目のテキストを書きました。本書の第1幕では、そちらの本をつくる過程で経験した、わたし自身の千々に乱れる迷いや葛藤を、群像劇の「脚本」に落とし込んで、登場人物の三人に代弁してもらった次第。そんな彼らの群像劇を、研究会のみなさん、そしてはるか書房の小倉さんのおかげで世に出すことができました。改めて感謝です。

クジョウ先生、年齢性別その他もろもろ非公開、ミステリアスで素敵。

ケイタくん、道徳教育の修士論文、ちゃんと書き上げられるかな?

ナナさん、頑張り屋はいいですが、くれぐれも体に気をつけて。

危険だけど必要、必要だけど危険、だからとてもやっかいな道徳科。日本全国のクジョウ先生、ケイタくん、ナナさんを悩ませているそれが、よりマシに、願わくば、子どもたちが道徳という人間の文化に出会い育つ場に生まれ変わっていきますように。

＊

第2幕を担当している越川葉子です。

今住んでいる街では、よく猫を見かけます。原稿の検討会ではたびたび、こうした猫の姿が話題になりました。「モラルネコ」は、そんな猫好きな人びとのなかから生まれました。

原稿を執筆するにあたり、いじめの問題を道徳教育で扱うことの困難さを身をもって経験しました。そのなかで、学生たちが展開したいじめについての議論が、第2幕の重要な柱となりました。本書で取り上げた学生たちの声を、ぜひ聞いてください。あと、本書に登場する先生たちの名前にも注目してください。ちょっとした秘密が隠されています。

＊

第3幕を担当した小谷英生です。

学校教員というのは大変なお仕事だと思います。子どものためを考えて、ついついやりすぎてしまったり、逆にやらなさすぎてしまったり……いろいろと悩ましいなかで、みなさん働いていることと思います。加えて現場がどんどんブラック化してきており、自分や家族を犠牲にしてまで他人に尽くすことに矛盾を抱えている先生も多いのではないでしょうか。ぼくの議論は「学者の正論」に聞こえるかもしれませんが、それは世の中がひどい自己責任の見殺し社会になってしまったからでしょう。だからもう、「いいかげん現実のほうを正論に近づけていきましょうよ！」というエールとメッセージを込めて書きました。最後になりますが、私のゼミ生を中心に、多くの学生たちの意見をいただきながら仕上げました。みなさん、どうもありがとう！

＊

第4幕を上演した藤谷秀と申します。

「教科化された道徳に、道徳哲学（倫理学）はどうやらお呼びでないようだ」なんて思っていた私でしたが、執筆者それぞれの鋭い問いかけに刺激され、学校の教室が身近に感じられるようになりました――小学生と中学生の孫がいるので「じぃじぃ」としては身近だったのですが。「道徳科の時間」という黒ずんだ（？）ワカメも、「正解はないのだから、考え話し合う」というお湯に入れると、鮮やかな緑に変わっていくでしょう。忖度しなくていい、自分を出してもいいときの子どもたちの鮮やかさを、教室のなかでも見たいですね。

＊

第5幕担当の和田悠です。

一九八七年の民主化直後の韓国大統領選挙。熱気あふれる大規模な政治集会のテレビ映像に眼を奪われました。駅頭で政治家の街頭演説があれば立ちどまり、選挙権はないのに政見放送をよく見ていました。それでいて、最近になるまで「市民」として生きている実感がなかったのは、私が根っからの庶民で政治とは無縁であるかのような場所に囲い込まれていたからだと思います。政治や政治家をいつも近くに、もっと近くに！　そんな思いで執筆しました。

この本をつくる過程で、小学校に通う二人の息子に道徳の授業はどう？　と尋ねました。両者ともに「つまらない」との返事。父の思想信条を忖度しているのではと思わなくもなかったのですが、すでに正解がある授業にしらけているのは間違いないようでした。

道徳の教科書を読むと、その世界があまりにも予定調和的であることに暗澹たる思いがします。健全な野党を必要としているのは、政治の世界のみならず、道徳科の授業づくりにおいてものようです。

＊

第6幕を担当した小野祥子です。

猫と話せたらいいなぁと思いつつ、実際話せたとしてどうなのでしょう。うちの猫に「そんなに猫可愛がりされるのは好きじゃない」などと言われて、愕然とするのかもしれません。でも、猫と話せない世界と、猫と話せる世界は同時に存在している。そう、シュレーディンガーの猫のように。第6幕では、「ナラノキ先生」と「モラルネコ」に猫と話せる世界への出演をお願いし、猫と話せない世界の「道徳」を照らしてもらいました。

物語とは、この世界と同時に存在するもうひとつの世界である、と考えれば、物語を読むことは、私たちの世界とはまた別の可能性を想像し、新しい倫理を構築することにつながるのかもしれない――。「なめとこ山の熊」は中学校や大学の授業で何度も扱い、また、地域の読書会でも取り上げました。本書に提示したのは、多くの学生や参加者の方々と共同でつくりあげてきた読みです。共に物語を読んでくださったことに深く感謝します。

執筆者プロフィール

●

神代健彦（くましろ　たけひこ）＝はしがき・第１幕担当

1981年生まれ。京都教育大学教員。専門は教育学・教育史、道徳教育論。著書『道徳教育のキソ・キホン——道徳科の授業をはじめるひとへ』（編著、ナカニシヤ出版）他。

●

越川葉子（こしかわ　ようこ）＝第２幕担当

1978年生まれ。東京未来大学教員。専門は教育社会学。著書『文化としての涙——感情経験の社会学的探究』（共著、勁草書房）他。

●

小谷英生（こたに　ひでお）＝第３幕・コラム担当

1981年生まれ。群馬大学教員。専門は哲学・倫理学・社会思想史。著書『リアル世界をあきらめない』（共著、はるか書房）、『危機に対峙する思考』（共著、梓出版社）他。

●

藤谷　秀（ふじたに　しゅう）＝第２部幕間・第４幕担当

1956年生まれ。山梨県立大学教員。倫理学・哲学が専門。著書『あなたが「いる」ことの重み』（青木書店）、『わがままに生きる哲学』（共著、はるか書房）他。

●

和田　悠（わだ　ゆう）＝第５幕担当

1976年生まれ。立教大学教員。専門は社会教育・社会科教育論。著書『子どもとつくる平和の教室』（編著、はるか書房）、『戦後思想の再審判——丸山眞男から柄谷行人まで』（編著、法律文化社）他。

●

小野祥子（おの　しょうこ）＝第６幕担当

1974年生まれ。城北中・高等学校、慶應義塾大学非常勤講師。国語科教員。大学では国語科教育法を担当。著書『大学生のための文学トレーニング　現代編』（共著、三省堂）他。

●

有本真紀（ありもと　まき）＝第５幕のコラム

1958年生まれ。立教大学教員。専門は歴史社会学・音楽科教育。著書『卒業式の歴史学』（講談社）、『教育勅語と学校教育——教育勅語の教材使用問題をどう考えるか』（共著、世織書房）他。

編者
神代健彦
藤谷　秀
編者および著者のプロフィールは右ページ参照

悩めるあなたの道徳教育読本

二〇一九年九月二〇日　第一版第一刷発行

編　者　神代健彦・藤谷　秀
発行人　小倉　修
発行元　はるか書房
東京都千代田区神田三崎町二―一九―八　杉山ビル
TEL〇三―三二六四―六八九八
FAX〇三―三二六四―六九九二
発売元　星雲社
東京都文京区水道一―三―三〇
TEL〇三―三八六八―三二七五
装幀者　丸小野共生
製　作　シナノ
定価はカバーに表示してあります
落丁・乱丁本はお取り替えいたします
ISBN978-4-434-26562-4　C0037